발 행 일	2025년 02월 17일(초판 1쇄)
I S B N	978-89-5960-503-3(13000)
정 가	14,000원
집 필	렉스기획팀 진 행	이영수
본문디자인	디자인꿈틀
발 행 처	㈜렉스미디어 발 행 인	안광준
주 소	경기도 파주시 정문로 588번길 24
대표전화	(02)849-4423 팩 스	(02)849-4421
홈페이지	www.rexmedia.net

※ 이 책은 저작권법에 따라 보호를 받는 저작물이므로 무단 전재와 무단 복제를 금지하며, 이 책 내용의 전부 또는 일부를 이용하려면 반드시 ㈜렉스미디어의 서면동의를 받아야 합니다.

창의코딩놀이 LESSON2 교재의 구성입니다.

창의 놀이

코딩 놀이

Orientation 01

놀이 학습이 끝나면 미션문제로 마무리... 종합활동은 혼자서도 충분해요~^^

미션 문제

종합 활동

목차 Contents

Chapter 01　008　창의 놀이　로봇 조립하기
　　　　　　　010　코딩 놀이　화면 끝에 닿으면 튕기기 및 회전 방식 알아보기

Chapter 02　014　창의 놀이　우산 사용량 예측하기
　　　　　　　016　코딩 놀이　반복하여 걷기 동작 만들기

Chapter 03　020　창의 놀이　성장 기록 알아보기
　　　　　　　022　코딩 놀이　이동 방향 블록을 이용한 축구공 놀이하기

Chapter 04　026　창의 놀이　일정 만들기
　　　　　　　028　코딩 놀이　블록 코드 복사 및 오브젝트 복제하기

Chapter 05　032　창의 놀이　자연에서 패턴 찾기
　　　　　　　034　코딩 놀이　좌표를 이용한 로봇 이동하기

Chapter 06　038　창의 놀이　그림자 찾기
　　　　　　　040　코딩 놀이　로켓 발사 만들기

Chapter 07　044　창의 놀이　물체의 특징 알아보기
　　　　　　　046　코딩 놀이　점프 동작 만들기

Chapter 08　050　창의 놀이　음식 찾기
　　　　　　　052　코딩 놀이　발사대를 따라 움직이는 우주선 만들기

Chapter 09　056　창의 놀이　데칼코마니
　　　　　　　058　코딩 놀이　크기 변경으로 헐크 변신 만들기

Chapter 10　062　창의 놀이　모눈종이 이미지 읽기
　　　　　　　064　코딩 놀이　투명 드라큘라 만들기

Chapter 11　068　창의 놀이　숫자를 이미지로 만들기
　　　　　　　070　코딩 놀이　세계일주 여행하기

Chapter 12　074　창의 놀이　요일별 옷입기
　　　　　　　076　코딩 놀이　무작위 수를 이용한 주사위 놀이 만들기

| Chapter 13 | 080 창의 놀이 | 틀린 그림 찾기 |
| | 082 코딩 놀이 | 자유롭게 움직이는 열기구와 꽃게 만들기 |

| Chapter 14 | 086 창의 놀이 | 바구니에 케익 넣기 |
| | 088 코딩 놀이 | 자유롭게 움직이는 무당벌레 만들기 |

| Chapter 15 | 092 창의 놀이 | 용돈 사용 기록하기 |
| | 094 코딩 놀이 | 크리스마스 캐롤 음악 재생하기 |

| Chapter 16 | 098 창의 놀이 | 퍼즐 놀이 게임 |
| | 100 코딩 놀이 | 그림판 만들어 그림 그리기 |

| Chapter 17 | 104 창의 놀이 | 창의력 문제풀이 |
| | 106 코딩 놀이 | 로봇 청소기 만들기 |

| Chapter 18 | 110 창의 놀이 | 규칙 찾아내기 |
| | 112 코딩 놀이 | 쥐를 잡자~ 쥐를 잡자~ 찍찍찍~! |

| Chapter 19 | 116 창의 놀이 | 꼬치 요리 만들기 |
| | 118 코딩 놀이 | 타이머를 이용한 미로 통과 시간 측정하기 |

| Chapter 20 | 122 창의 놀이 | 어느 나라 국민일까요? |
| | 124 코딩 놀이 | 마우스 잡기 놀이를 이용한 시간 측정값 말하기 |

| Chapter 21 | 128 종합 활동 | 데칼코마니 놀이, 그림 패턴 넣기, 문제 코딩 |

| Chapter 22 | 132 종합 활동 | 데칼코마니 놀이, 그림 패턴 넣기, 문제 코딩 |

| Chapter 23 | 136 종합 활동 | 길 만들기 놀이, 모양 시각화 놀이, 문제 코딩 |

| Chapter 24 | 140 종합 활동 | 길 만들기 놀이, 모양 시각화 놀이, 문제 코딩 |

엔트리 프로그램의 오프라인 다운로드 과정입니다.

1 온라인 엔트리(playentry.org)에서 entry로 이동 후 하위 목록의 [다운로드]를 클릭합니다.

2 엔트리 다운로드 화면이 표시되면 운영체제의 버전에 따른 시스템 종류를 클릭하여 다운로드 받습니다.

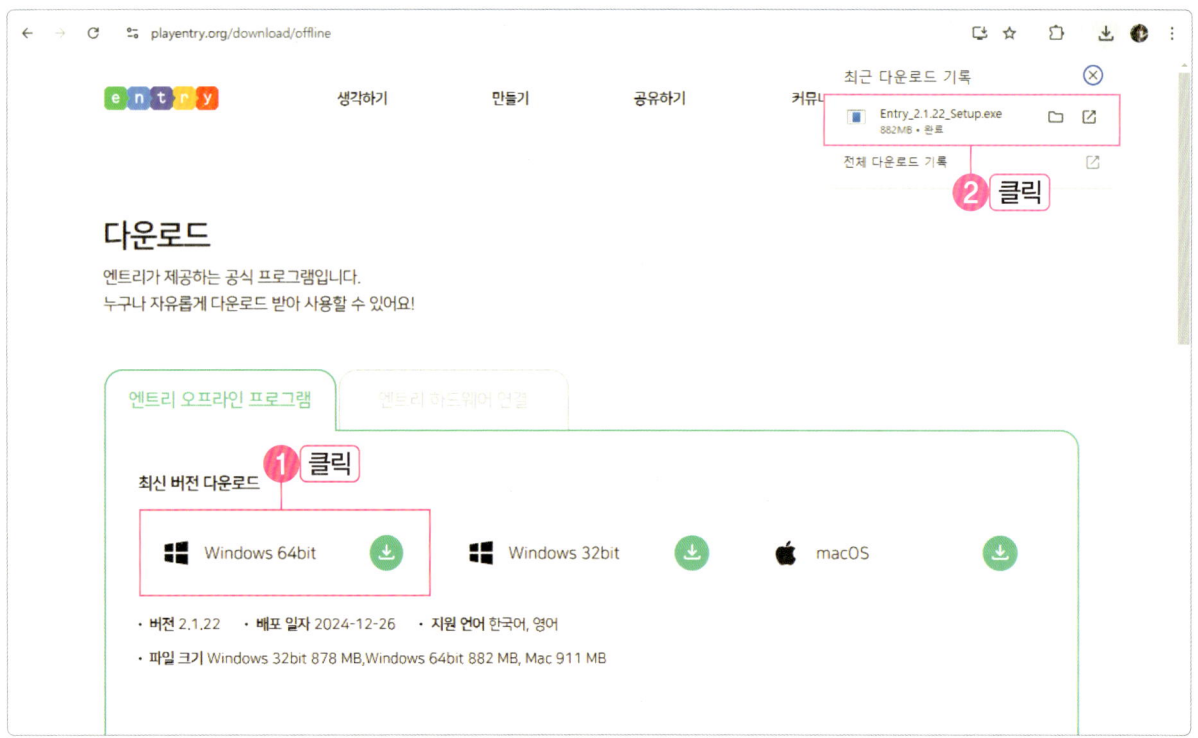

✋ 여기서 잠깐!

내 컴퓨터의 시스템 종류 알아보기

[시작]-[설정] 메뉴를 클릭 후 [시스템]-[정보]를 클릭하면 윈도우의 버전 및 시스템 종류를 확인할 수 있습니다.

엔트리 프로그램의 오프라인 설치 과정입니다.

1 엔트리 설치 대화상자의 구성 요소 선택에서 [다음]을 클릭 후 설치 위치 선택의 [설치]를 클릭합니다.

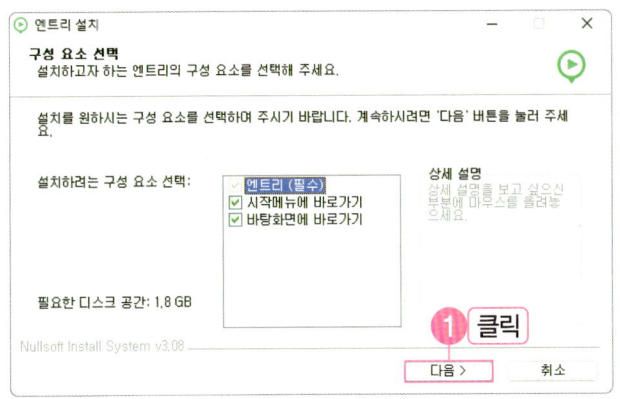 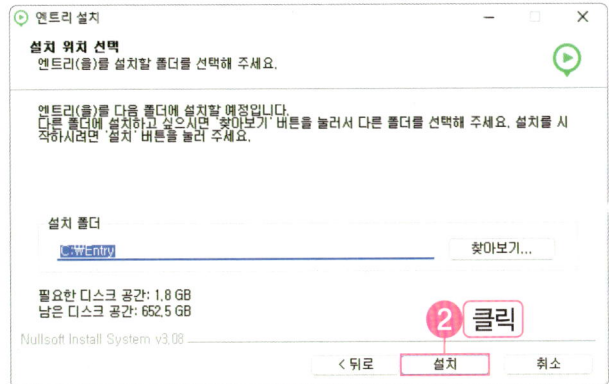

2 설치 과정이 완료되면 [다음]을 클릭 후 엔트리 설치 완료 화면에서 [마침]을 클릭합니다.

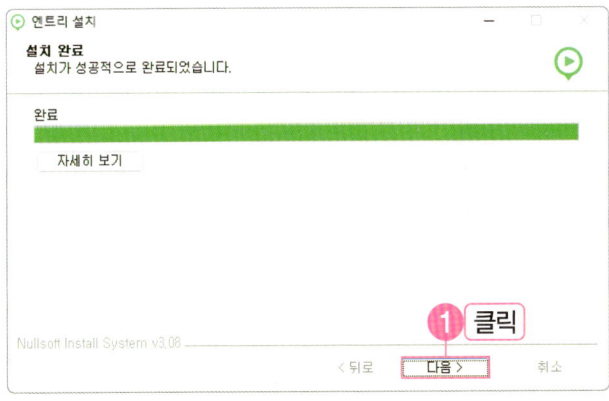 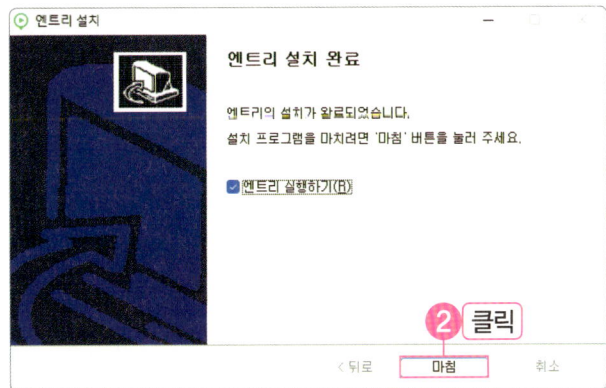

3 엔트리 프로그램이 실행됩니다.

여기서 잠깐!

내 컴퓨터에 설치된 엔트리 프로그램 실행하기
- [시작] 단추를 클릭 후 앱 목록에서 [엔트리]를 클릭합니다.

온라인 엔트리 실행하기
- 인터넷 크롬(Chrome)에 접속 후 온라인 엔트리 주소(playentry.org)를 입력하여 이동합니다.
- 본 교재는 온라인을 이용한 엔트리 실행을 기준으로 따라하기를 작성했으며, 버전은 (2.1.22)입니다.

CHAPTER 01 창의 놀이

> **학습 목표**
> • 주어진 문제에 대해 논리적 분석을 통해 핵심 사항을 알아낼 수 있어요.   **문제 분석 능력**

로봇 조립하기

지효 아빠는 로봇 과학자입니다.
지효 아빠가 속해있는 로봇 연구소에서 이번에 새로운 지능형 로봇을 만들었다고 합니다.
로봇의 제작 과정이 굉장히 까다로워 오랜 기간을 거쳤는데도 많은 로봇의 부품은 생산하지 못했다고 하네요.

아래는 로봇 완성품을 위해 연구소에서 1년동안 생산한 부품이라고 합니다.

01 로봇 연구소에서 생산한 부품으로 만들 수 있는 로봇은 몇 개 일까요?

[   ]

02 추가로 1개의 로봇을 만들 때 특정 부품 1개가 모자란다고 합니다. 어떤 부품일까요?

Chapter 01 코딩 놀이

화면 끝에 닿으면 튕기기 및 회전 방식 알아보기

- 화면 끝에 닿으면 튕기기의 사용 방법을 알아봅니다.
- 회전 방식의 변경 방법을 알아봅니다.

 배울 내용 미리보기

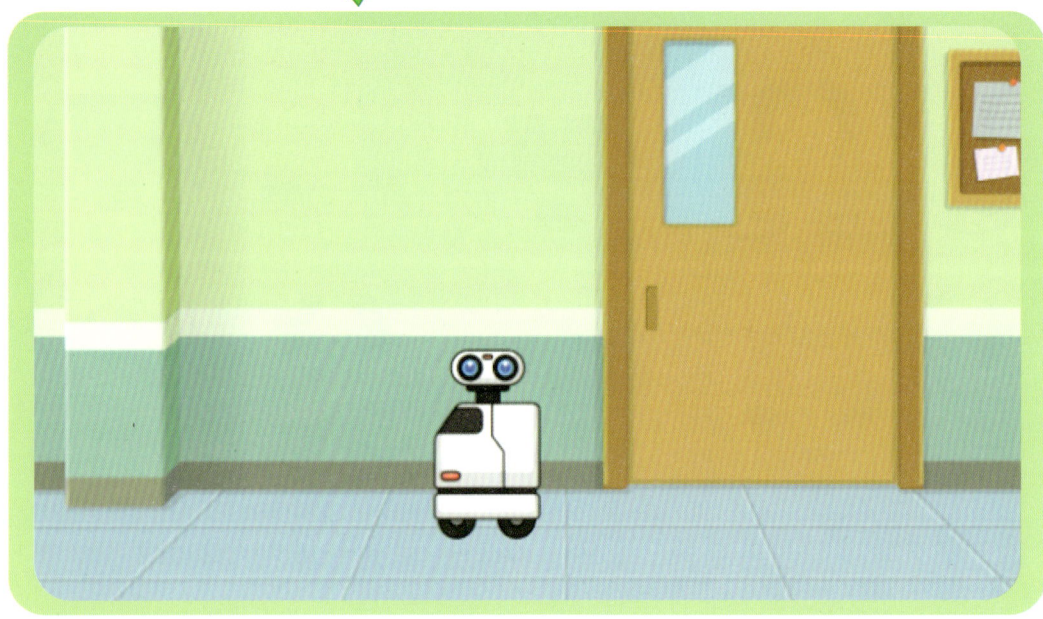

핵심놀이 오브젝트의 회전 방식 알아보기

- 자유회전( ) : 오브젝트가 어느 각도든지 자유롭게 회전할 수 있습니다.
- 좌우회전( ) : 오브젝트가 좌우로만 움직입니다.
- 무회전( ) : 오브젝트가 어느 각도로도 움직이지 않고 고정되어 있습니다.

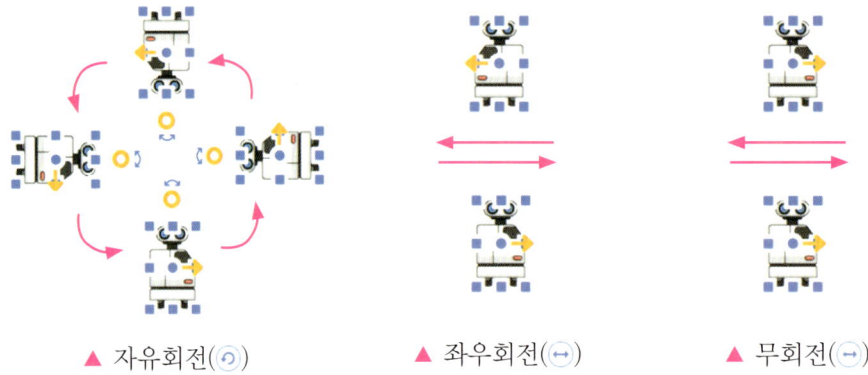

▲ 자유회전( ) ▲ 좌우회전( ) ▲ 무회전( )

01 로봇의 이동과 벽에 닿으면 튕기기 블록 연결하기

① 온라인 엔트리 계정에 로그인한 후 [파일]-[오프라인에서 작품 불러오기] 메뉴를 클릭합니다.

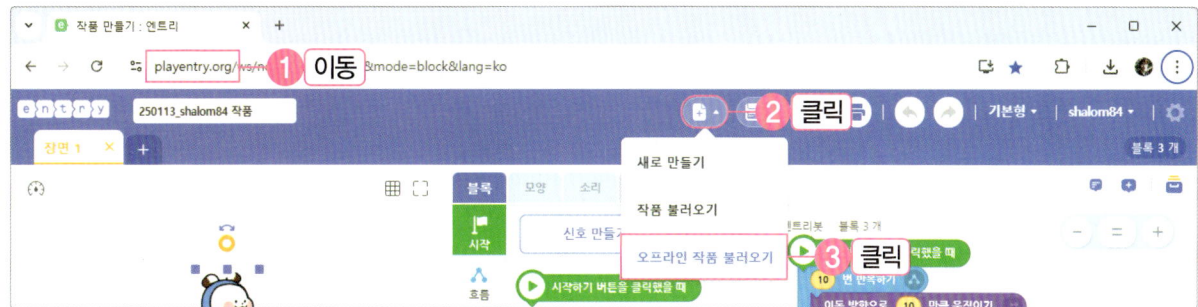

② [열기] 대화상자가 표시되면 폴더 위치(01장 〉 불러올파일) 및 작품 이름(로봇이동)을 선택한 다음 [열기]를 클릭합니다.

③ 로봇이동 파일이 열리면 만능로봇 오브젝트를 선택 후 [블록] 탭의 [시작] 및 [흐름], [움직임] 꾸러미를 이용하여 다음과 같이 블록을 연결합니다.

※ 시작하기 버튼을 클릭했을 때 계속 반복하여 아래 동작을 실행합니다.
 – 이동 방향으로 10만큼 움직이며, 화면 끝에 닿으면 튕기기

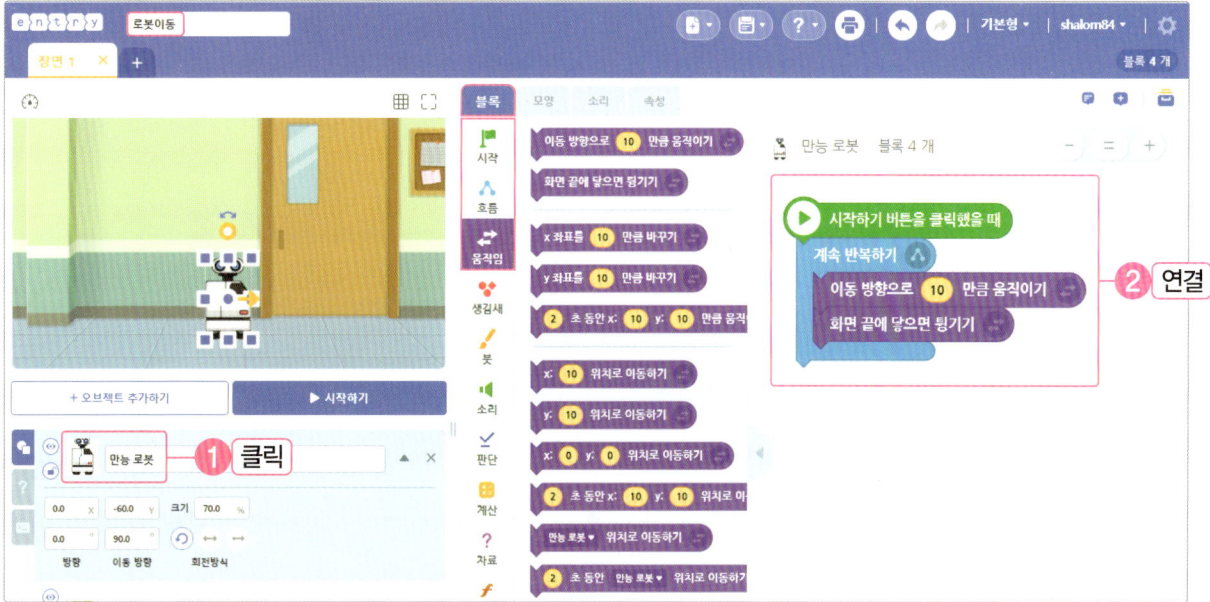

Chapter 01 화면 끝에 닿으면 튕기기 및 회전 방식 알아보기 • 11

02 회전방식 변경하기

❶ 회전 방식이 자유회전(⟳)인 상태에서 [시작하기]를 클릭하여 만능로봇의 이동을 확인합니다.

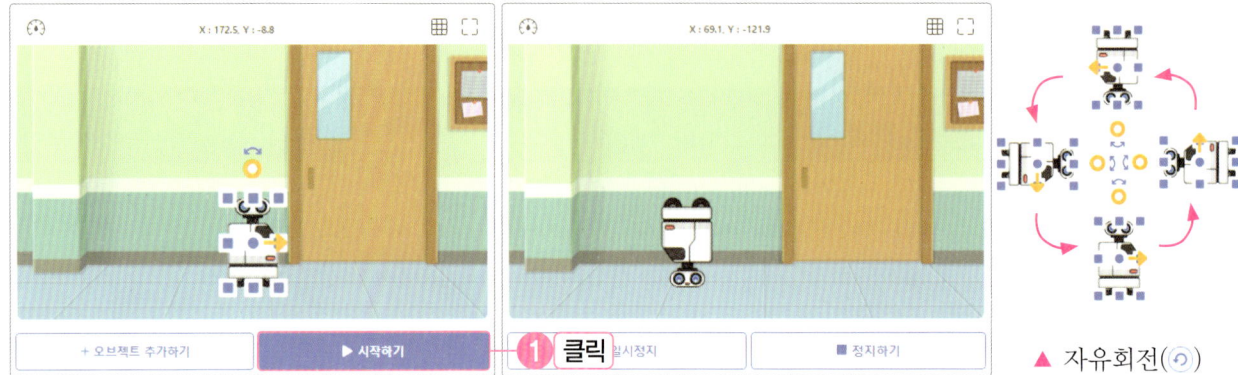

▲ 자유회전(⟳)

❷ [정지하기]를 클릭 후 회전 방식을 좌우회전(↔)으로 수정한 다음 [시작하기]를 클릭하여 만능로봇이 좌우로만 바뀌어 이동하는지 확인합니다.

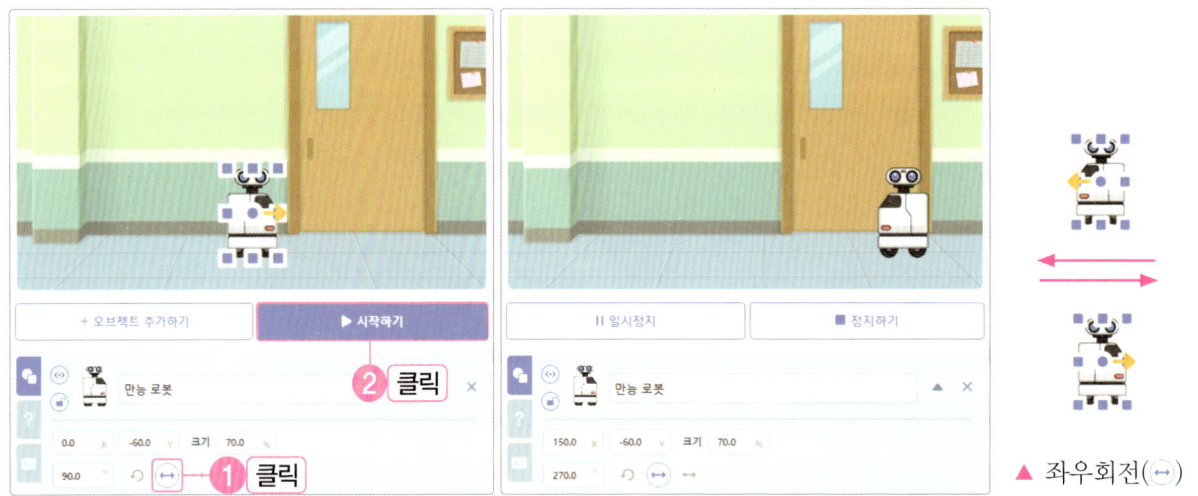

▲ 좌우회전(↔)

❸ [정지하기]를 클릭 후 회전 방식을 무회전(→)으로 수정한 다음 [시작하기]를 클릭하여 만능로봇이 회전하지 않고 오브젝트 모양 그대로 이동하는지 확인합니다.

▲ 무회전(→)

CHAPTER 01 문제 해결 미션 수행하기

 온라인 엔트리에서 '과일트럭' 작품을 불러와 [트럭] 오브젝트에 다음과 같이 코딩해 보세요.

- 회전 방식을 좌우회전(↔)으로 수정합니다.
- 시작하기 버튼을 클릭했을 때 계속 반복하여 아래의 기능을 실행합니다.
  – 이동 방향으로 10만큼 움직이고 화면 끝에 닿으면 튕기기

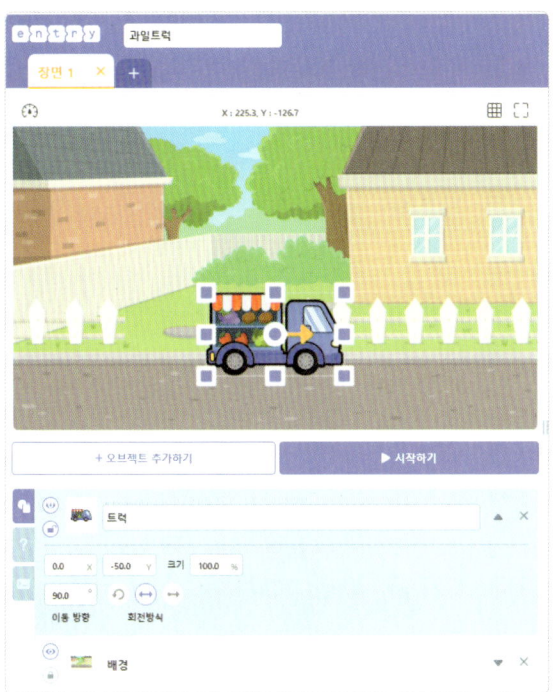

Chapter 01 화면 끝에 닿으면 튕기기 및 회전 방식 알아보기 • 13

CHAPTER 02 창의 놀이

> **학습 목표**
> • 데이터 수집 및 그래프를 활용한 예측 데이터의 패턴을 찾아봅니다.   **데이터 수집 및 패턴 인식**

우산 사용량 예측하기

나는 비가 올 때 우산을 빌려주는 로봇이에요.
우산은 1묶음이 5개씩 묶여 묶음 단위로 미리 가져다 놓아야 해요.
비가 온 날에는 우산을 많이 빌려간 것을 확인할 수 있는데, 오늘 비가 온다고 하네요.
그러면 아래의 데이터를 보고 오늘 몇 묶음을 가져다 놓아야 할지 알려주세요.

이번달 지금까지의 날씨와 우산 대여 수를 기록해 놓았어!
기록을 보면 오늘의 우산 사용량을 알 수 있다고 하던데...

일요일	월요일	화요일	수요일	목요일	금요일	토요일
	1 ☁️	2 ⛅	3 🌧️	4 ⛈️	5 ☀️	6 ☀️
7 ⛅	8 🌧️	9 ☁️	10 ⛅	11 🌧️	12 ⛅	13 ☀️
14 ⛅	15 ☁️	16 ☁️	17 🌧️	18 ☁️	19	20
21	22	23	24	25	26	27
28	29	31				

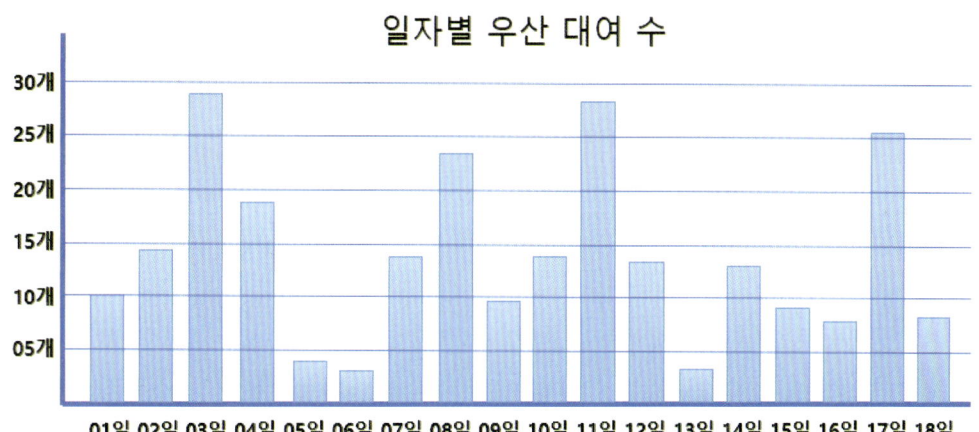

일자별 우산 대여 수

01 오늘(19일)은 일기예보를 보니 날씨가 🌧️ 라고 나왔어~
그렇다면 우산을 몇 묶음 가져다 놓아야 할까요?   [   ]

02 지난 주의 같은 요일에는 몇 묶음을 사용했을까요?   [   ]

Chapter 02 코딩 놀이 — 반복하여 걷기 동작 만들기

학습목표

- 모양 변경을 반복하여 달리는 동작을 만드는 방법에 대해 알아봅니다.
- 프로그램 코딩의 실행 속도를 조절하는 방법에 대해 알아봅니다.

배울 내용 미리보기

핵심놀이 — 실행 속도 조절하기

- 무대 위쪽 속도 조절()을 클릭하여 실행하며, 블록 코딩의 실행 속도를 조절합니다.
- 실행 속도는 1단계부터 5단계의 색으로 구분됩니다.
- 옅은 색을 선택할수록 속도가 느려지고 진한 색을 선택 할수록 속도가 빨라집니다.

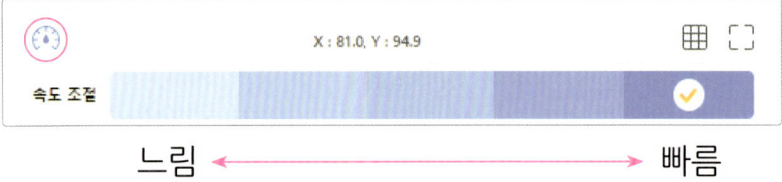

느림 ←——————→ 빠름

01 아이의 걷는 모양 설정 및 동작 블록 연결하기

❶ 엔트리 계정에 로그인한 후 -[오프라인 작품 불러오기] 메뉴를 클릭합니다. [열기] 대화상자에서 저장 위치(02장 〉 불러올파일) 및 작품 이름(걷기동작)을 선택한 후 [열기]를 클릭합니다.

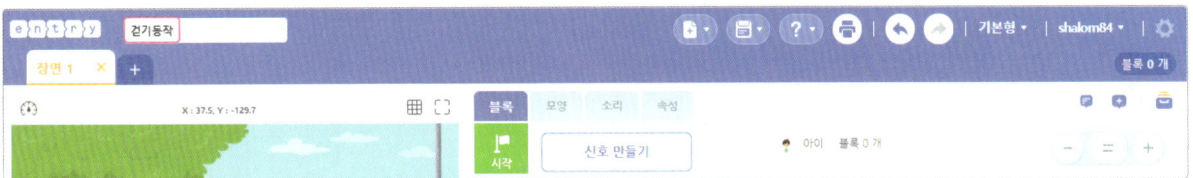

❷ [아이] 오브젝트를 선택 후 [모양] 탭에서 뛰어노는 아이_1의 삭제(×)를 클릭하여 모양을 삭제합니다. 같은 방법으로 뛰어노는 아이_5와 뛰어노는 아이_6을 제외한 나머지 모양을 삭제합니다.

※ 모양을 잘못 삭제했을 때는 실행 취소(↶) 또는 Ctrl + Z 를 눌러 이전 작업을 취소할 수 있습니다.

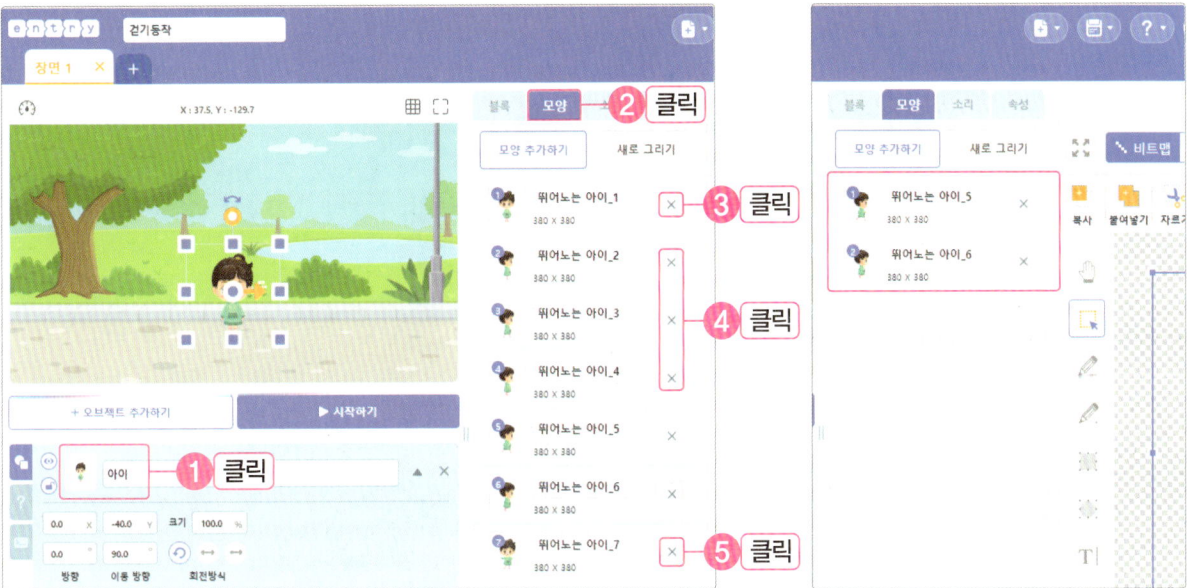

❸ [블록] 탭의 [시작] 및 [흐름], [움직임], [생김새] 꾸러미 등을 이용하여 다음과 같이 블록을 연결합니다.

※ 시작하기 버튼을 클릭했을 때 계속 반복하여 아래 동작을 실행합니다.
– 이동방향으로 10만큼 움직이며 화면 끝에 닿으면 튕기기
– 오브젝트의 모양을 다음 모양으로 바꾸기

Chapter 02 반복하여 걷기 동작 만들기 • 17

02 회전 방식 및 실행 속도 조절하기

❶ 아이 오브젝트의 회전 방식을 좌우회전(↔)으로 수정한 후 블록 코딩을 실행하기 위해 [시작하기]를 클릭합니다.

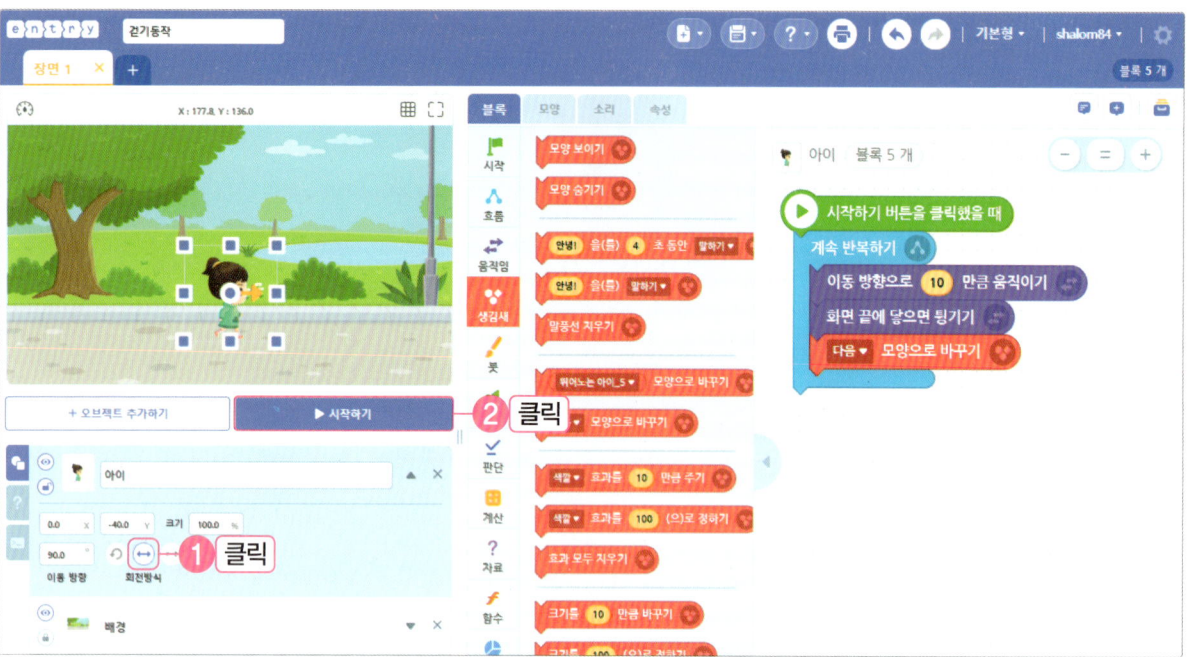

❷ 무대가 실행되면 아이의 걷는 동작이 빠르게 실행되는 것을 확인할 수 있습니다. 무대 위쪽의 실행 속도(⊕)를 클릭한 후 속도 단계를 [2단계]로 클릭하여 속도를 낮추고 걷는 동작을 확인합니다.

※ 속도 조절 막대가 표시된 상태에서 실행 속도(⊕)를 한 번 더 클릭하면 속도 조절 막대를 숨길 수 있습니다.

CHAPTER 02 문제 해결 미션 수행하기

 온라인 엔트리에서 '공원' 작품을 불러와 [노란새]와 [강아지] 오브젝트에 다음과 같이 코딩 후 완성된 코드 블록을 실행하고 실행 속도를 원하는 속도로 조절해 보세요.

- 시작하기 버튼을 클릭했을 때 계속 반복하여 다음 기능을 실행합니다.
  - 이동 방향으로 15만큼 움직이며 화면 끝에 닿으면 튕기기
  - 다음 모양으로 바꾸기

- 시작하기 버튼을 클릭했을 때 계속 반복하여 다음 기능을 실행합니다.
  - 이동 방향으로 10만큼 움직이며 화면 끝에 닿으면 튕기기
  - 다음 모양으로 바꾸기

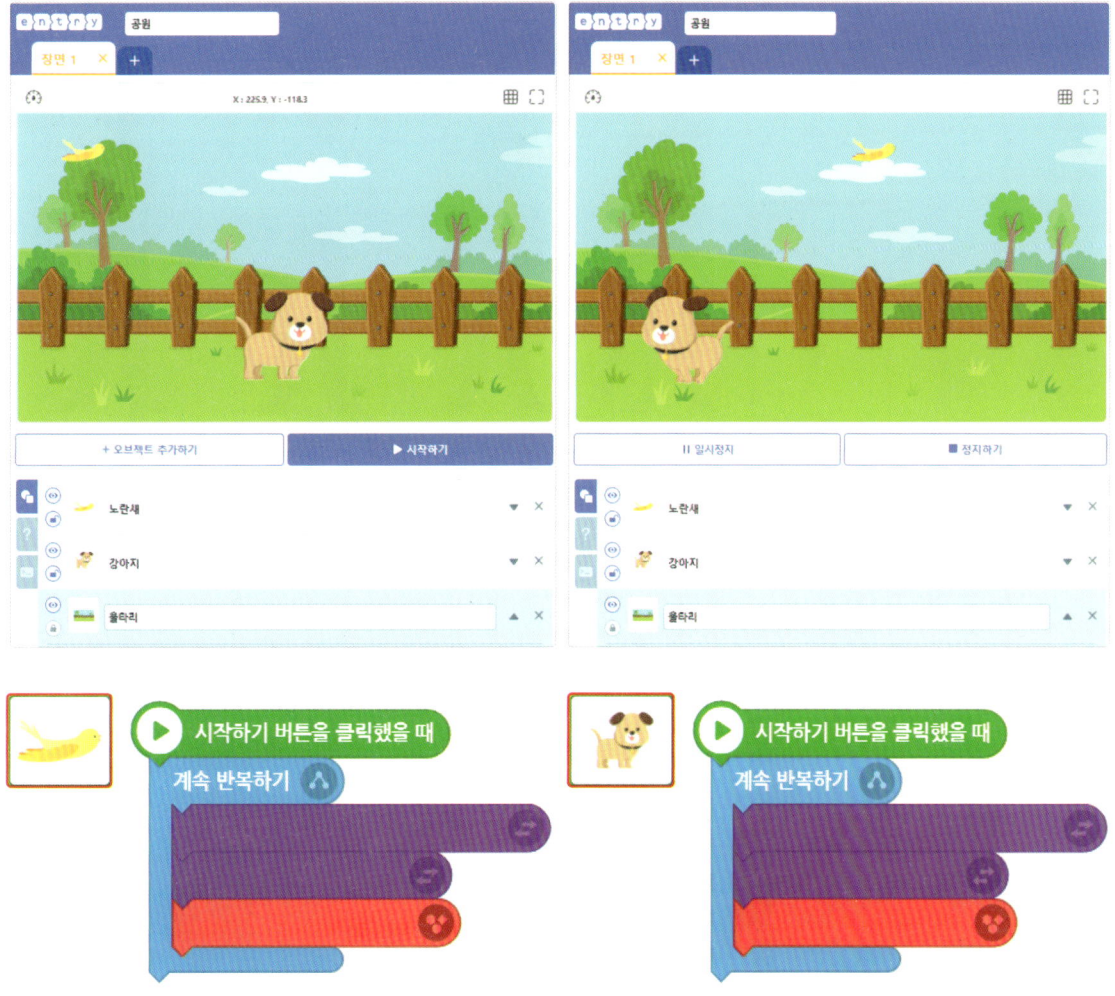

CHAPTER 03 창의 놀이

> **학습 목표**
>
> • 패턴을 식별하고 이미지 데이터를 체계적으로 구성하는 방법에 대해 알아봅니다.   **패턴 인식**

성장 기록 알아보기

종국이네 집에 놀러 갔는데 종국이 할아버지의 인생 기록 사진이 벽에 걸려 있더라구. 종국이네 집 강아지와 장난을 하며 놀다가 그만 액자 사진 하나를 떨어뜨렸지 뭐야~ 마침 종국이도 화장실에 가고 없는데 말야~ 밖에서 갑자기 누군가 들어오는거야~ 빨리 사진을 걸어두어야 하는데...

01 바닥에 있는 사진 중에서 어떤 사진이 물음표(?)가 표시된 위치의 종국이 할아버지 사진일까요?

우리 할아버지도 종국이 할아버지와 같은 나이로 어릴적부터 친구로 지내셨다고 하더라구~
절친이라 학교도 같이다니고 운동도 같이하면서 늘~ 항상 같이 붙어 다니셨다고...

02 종국이 할아버지의 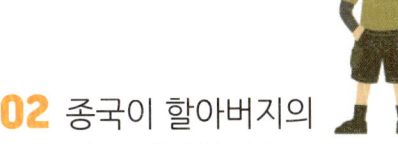 사진을 보았을 때 같은 나이의 우리 할아버지의 사진은 어떤 사진일까요?

Chapter 03 코딩 놀이 — 이동 방향 블록을 이용한 축구공 놀이하기

학습목표

- 블록을 이용한 이동 방향 수정 방법에 대해 알아봅니다.
- 이동 방향의 회전하기 및 정하기의 특징에 대해 알아봅니다.

배울 내용 미리보기

핵심놀이 — 블록을 이용한 이동 방향 수정 알아보기

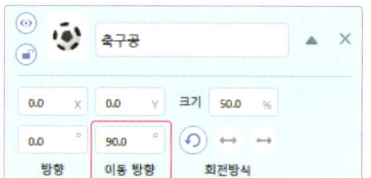

- 오브젝트의 이동 방향은 자세히 항목에 표시되며, 초기 설정값은 코드 블록을 통해 변경할 수 있습니다. 실행을 종료하면 다시 초기 설정값으로 바뀝니다.

- 이동 방향을 90° 만큼 회전하기 : 오브젝트의 이동 방향이 입력한 각도만큼 시계방향으로 회전합니다.

- 이동 방향을 90° (으)로 정하기 : 오브젝트의 이동 방향을 입력한 각도로 정합니다.

22 • 창의코딩놀이 **Lesson 2**

01 코드 블록을 이용한 이동 방향 정하기

❶ 엔트리 계정에 로그인한 후 ▣▾-[오프라인 작품 불러오기] 메뉴를 클릭합니다. [열기] 대화상자에서 저장 위치(03장 〉 불러올파일) 및 작품 이름(공놀이)을 선택한 후 [열기]를 클릭합니다.

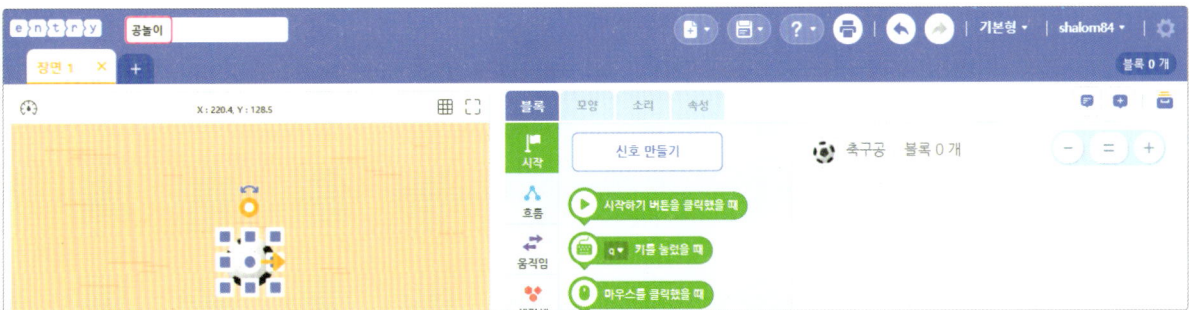

❷ [축구공] 오브젝트를 선택 후 [블록] 탭의 [시작] 및 [흐름], [움직임] 꾸러미를 이용하여 다음과 같이 블록을 연결합니다.

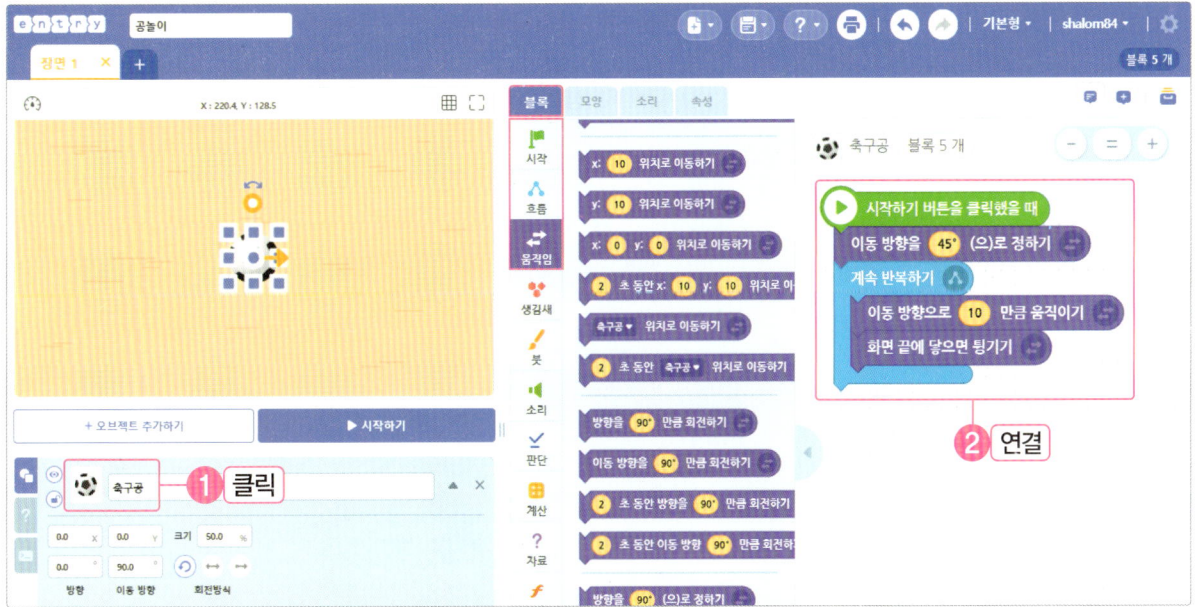

❸ 블록 코딩이 완료되면 [시작하기]를 클릭 후 이동 방향의 시작이 45° 방향부터 시작하는지 확인합니다.
※ 축구공은 이동 방향의 초기 설정값이 90°이지만 블록을 통해 45° 회전값을 정하여 45° 방향으로 움직입니다.

Chapter 03 이동 방향 블록을 이용한 축구공 놀이하기 • 23

02 코드 블록을 이용한 이동 방향 회전 수정하기

① 축구공 오브젝트의 블록 코딩에서 `이동 방향을 45° (으)로 정하기` 블록에서 마우스 오른쪽 단추를 눌러 바로 가기 메뉴의 [코드 삭제하기]를 선택합니다.

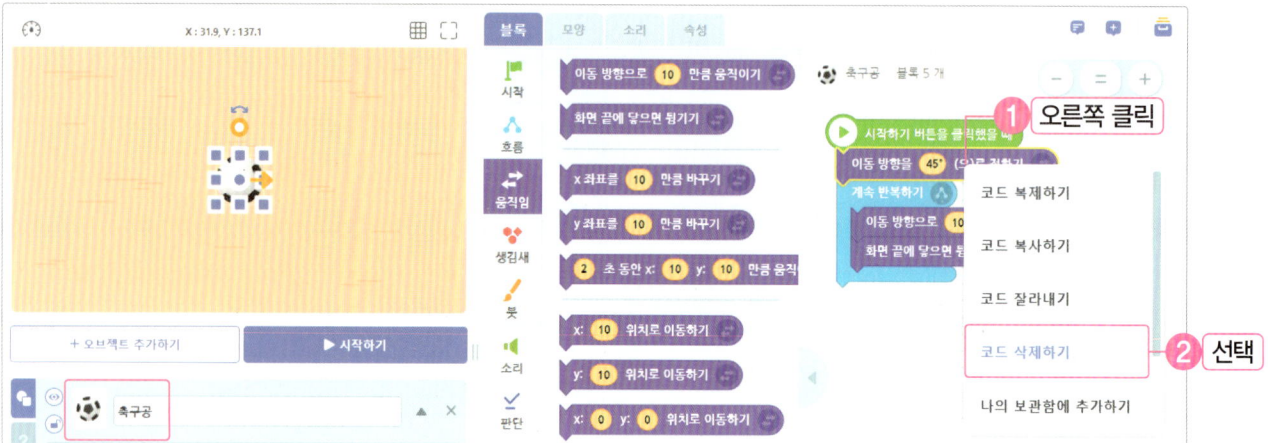

② `이동 방향을 45° (으)로 정하기` 블록이 삭제되면 [움직임] 꾸러미의 `이동 방향을 90° 만큼 회전하기` 블록을 드래그 하여 `시작하기 버튼을 클릭했을 때` 와 `계속 반복하기` 블록 사이에 끼워넣고 회전값(45°)을 수정합니다.

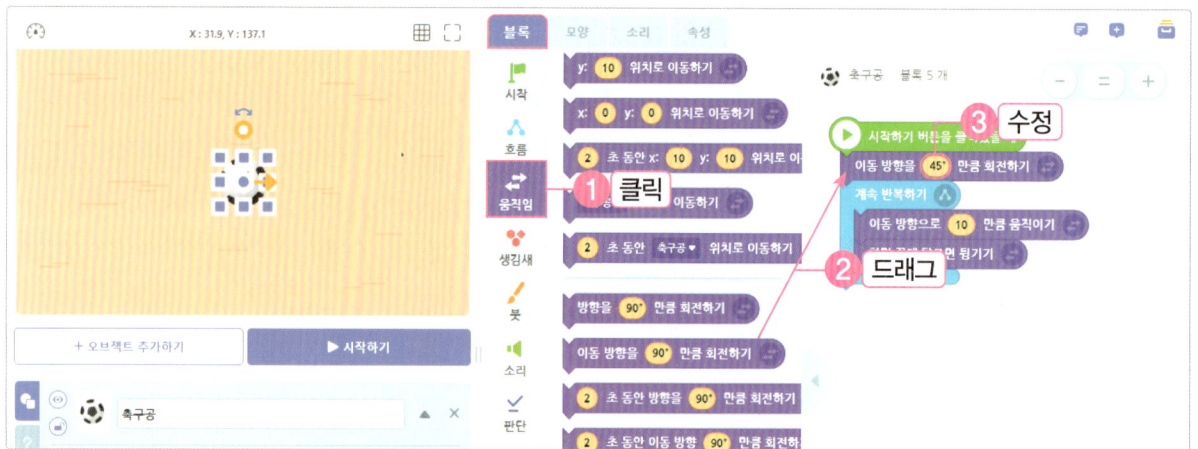

③ [시작하기]를 클릭 후 축구공의 이동 방향을 확인합니다.

※ 축구공은 이동 방향의 초기 설정값인 90°에서 45° 회전값을 더하여 135° 방향을 시작 방향으로 움직입니다.

CHAPTER 03 문제 해결 미션 수행하기

 '럭비' 작품을 열고 럭비공 오브젝트를 다음 조건에 따라 블록 연결을 완성해 보세요.

- 시작하기 버튼을 클릭했을 때 이동 방향을 45°로 지정합니다.
- 계속 반복하여 아래의 기능을 실행합니다.
  - 이동 방향으로 10만큼 움직이며 화면 끝에 닿으면 튕기기

 럭비공을 보기와 같이 수정했을 때 세로(수직) 방향으로만 움직이는 코딩은 무엇일까요?

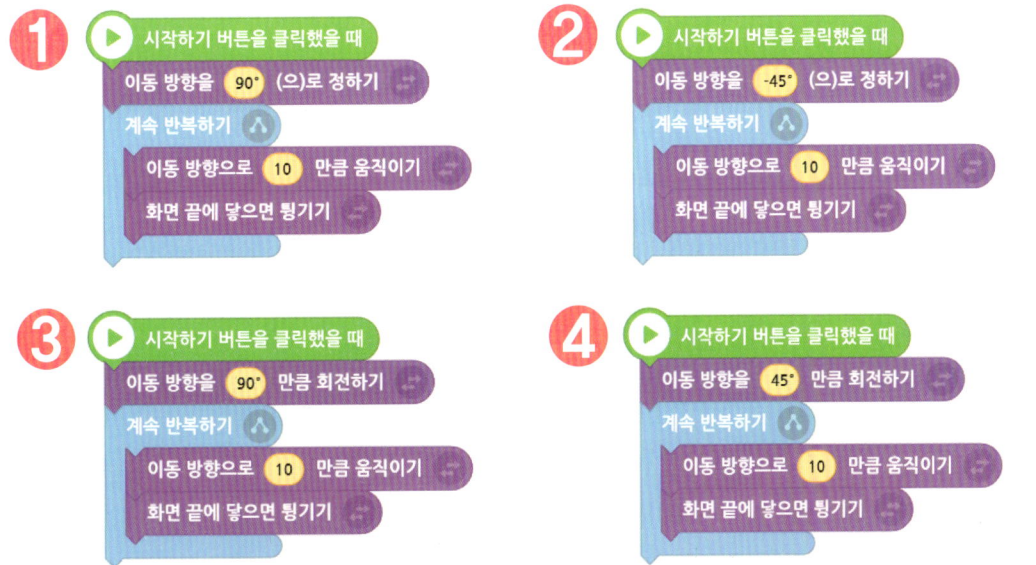

CHAPTER 04 창의 놀이

학습 목표
- 자료를 분석하여 일정 계획을 세우는 방법에 대해 알아봅니다. **자료 분석 및 논리적 사고 능력**

일정 만들기

재석이는 주말에 가족들과 함께 코엑스에서 진행하는 다양한 체험 행사에 가서 재미있는 시간을 보낼 생각입니다. 다양한 체험 행사를 보고 가장 좋은 체험 행사 일정을 만들어 보세요. (단, 점심시간 13:00~14:00)

치즈 만들기
붐비는 시간 13:00 ~ 15:00
보통 시간   15:00 ~ 16:00
한가한 시간   16:00 ~ 17:00

피자 만들기
붐비는 시간 16:00 ~ 18:00
보통 시간   12:00 ~ 14:00
한가한 시간   14:00 ~ 16:00

물고기 잡기
붐비는 시간 10:00 ~ 12:00
보통 시간   09:00 ~ 10:00
한가한 시간   12:00 ~ 15:00

전통놀이
붐비는 시간 13:00 ~ 15:00
보통 시간   15:00 ~ 16:00
한가한 시간   11:00 ~ 12:00

01 가족 모두 1시간 단위로 체험할 때, 가장 좋은 체험 행사의 일정은 어떻게 될까요?

[   ] ▶ [   ] ▶ [   ] ▶ [   ] ▶ [   ]

이제 일정을 모두 만들었네요.
그런데 체험 행사를 참여할 때 체험 행사와 행사 사이 1시간의 여유 시간이 생깁니다.

02 어떤 체험 행사 후 여유 시간이 생길까요?   [   ]

블록 놀이

붐비는 시간   12:00 ~ 13:00

보통 시간   10:00 ~ 12:00

한가한 시간   15:00 ~ 16:00

엄마가 점심시간이 너무 짧다고 점심시간을 2시간으로 조정하고 싶어하세요.
또 재석이는 옷이 젖는게 싫어서 물고기 잡기 체험은 하고 싶지 않다고 하고요.
그 대신 새롭에 만들어진 블록놀이 체험 행사를 꼭 하고 싶다고 하는데요.
그렇다면 행사 일정을 어떻게 수정하는 것이 좋을까요?

03 수정된 가장 최적의 체험 행사 일정은 어떻게 될까요?

[   ] ▶ [   ] ▶ [   ] ▶ [   ] ▶ [   ]

Chapter 04 코딩 놀이

블록 코드 복사 및 오브젝트 복제하기

학습목표

- 블록 코드의 복사 방법을 알아봅니다.
- 오브젝트의 복제 방법을 알아봅니다.

🔍 배울 내용 미리보기

핵심놀이 　블록 코드의 바로 가기 메뉴 알아보기

- 코드 복제하기 : 현재 오브젝트에서 블록 조립소에 복제한 블록을 하나 더 표시합니다.
- 코드 복사하기 : 선택한 블록을 클립보드에 복사하며, 바로 가기 메뉴의 [붙여넣기]를 이용하여 현재 오브젝트 또는 다른 오브젝트에 표시합니다.
- 코드 잘라내기 : 선택한 블록을 클립보드로 이동하며, 바로 가기 메뉴의 [붙여넣기]를 이용하여 현재 오브젝트 또는 다른 오브젝트에 표시합니다.
- 코드 삭제하기 : 선택한 블록을 제거합니다.

01 블록 코드 복사하기

❶ [밤하늘] 작품을 오프라인에서 불러온 후 [빨간별] 오브젝트의 [블록] 탭에서 블록 코드를 확인합니다.

※ 시작하기 버튼을 클릭했을 때 계속 반복하여 이동 방향으로 5만큼 움직이며, 화면 끝에 닿으면 튕깁니다.

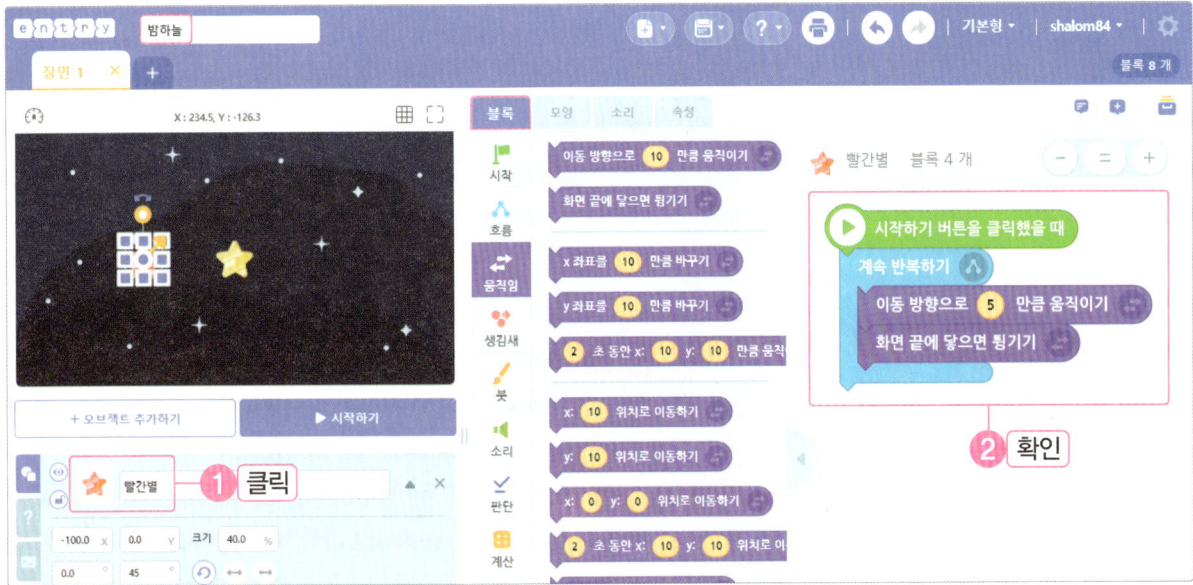

❷ 빨간별 오브젝트의 블록 코드 가장 위쪽 블록에서 바로 가기 메뉴의 [코드 복사하기]를 선택합니다. 노란별 오브젝트를 클릭 후 블록 조립소에서 바로 가기 메뉴의 [붙여넣기]를 선택합니다.

❸ 복사한 블록 코드가 노란별 오브젝트에 붙여넣기 되어 표시됩니다.

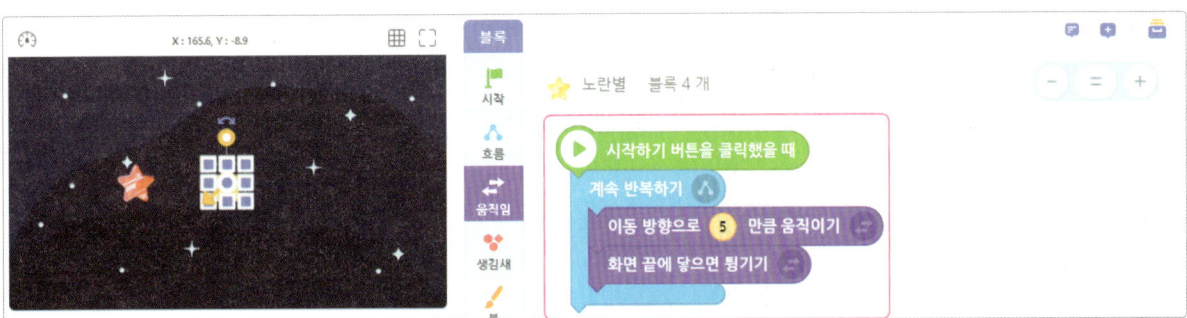

오브젝트의 복제하기

❶ 빨간별 오브젝트에서 바로 가기 메뉴의 [복제하기]를 선택합니다.

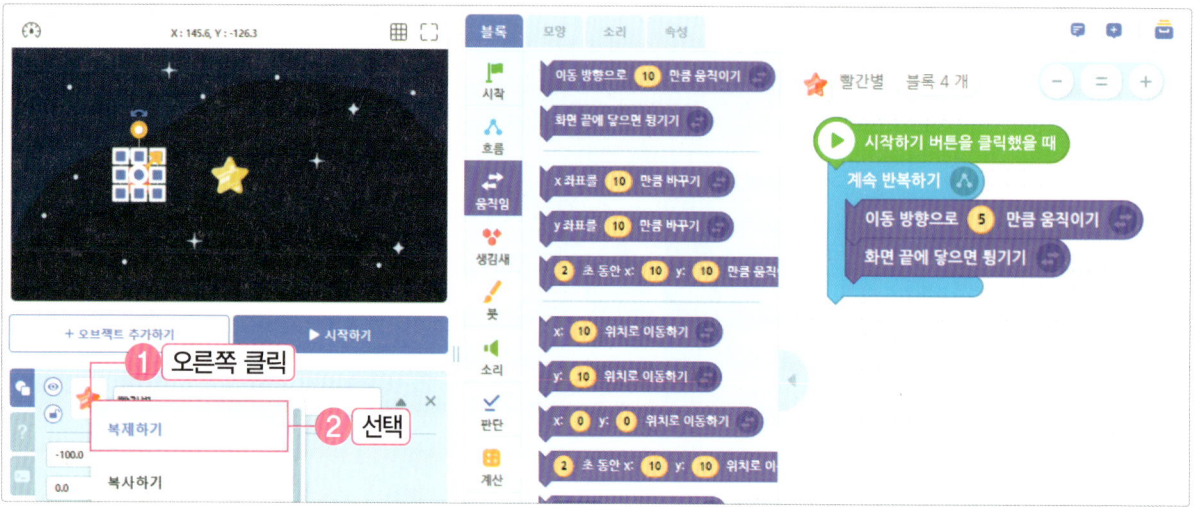

❷ 빨간별 오브젝트가 복제되어 빨간별1 오브젝트가 가장 위쪽에 표시되면 X축의 가로 위치(100) 및 이동 방향(130°)을 수정합니다.

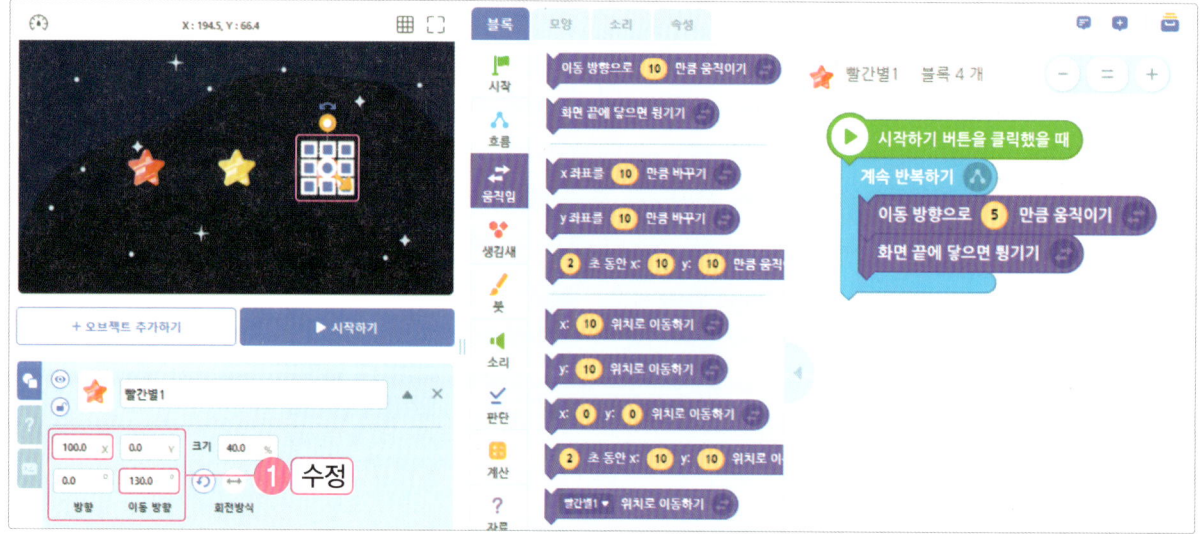

❸ [시작하기]를 클릭하면 빨간별1, 빨간별, 노란별 등의 오브젝트가 이동 방향에 따라 자유롭게 이동하는 것을 확인할 수 있습니다.

CHAPTER 04 문제 해결 미션 수행하기

미션 1 '로봇청소기' 작품을 열고 다음 조건에 따라 무대를 완성한 후 실행해 보세요.

- 블록 코드를 복사한 후 청소기2 오브젝트에 붙여넣기
- 오브젝트를 복제하여 청소기3 오브젝트를 생성하고 X축의 가로 위치(100) 및 이동 방향(310°)을 수정하기

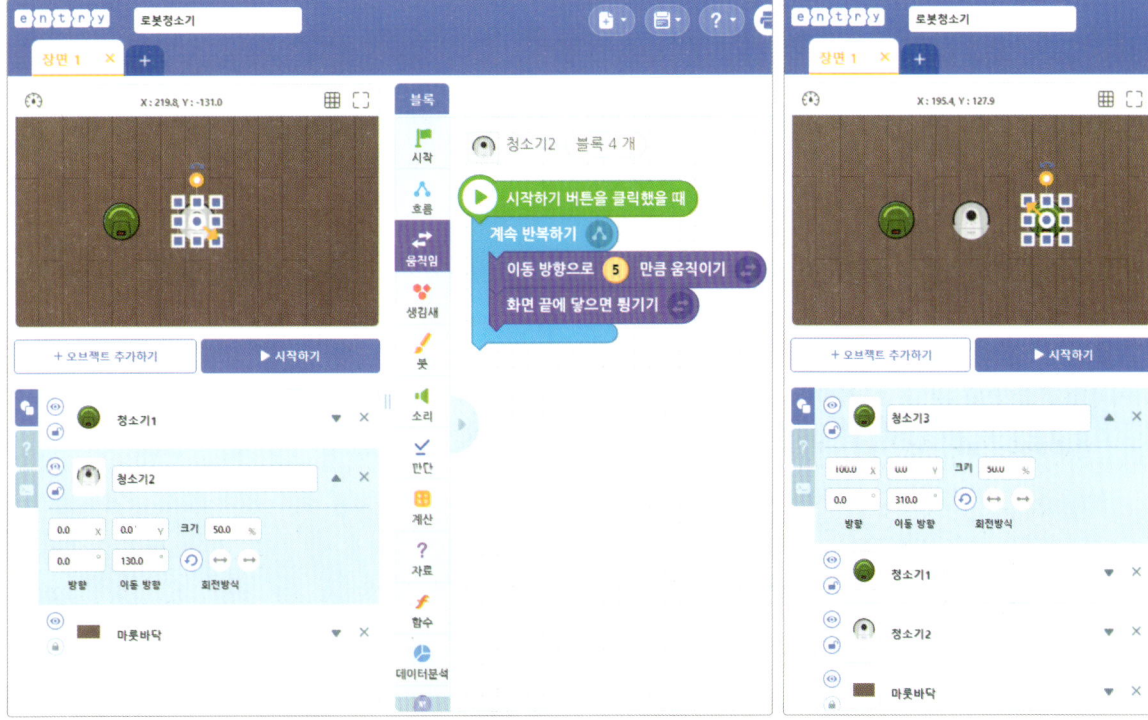

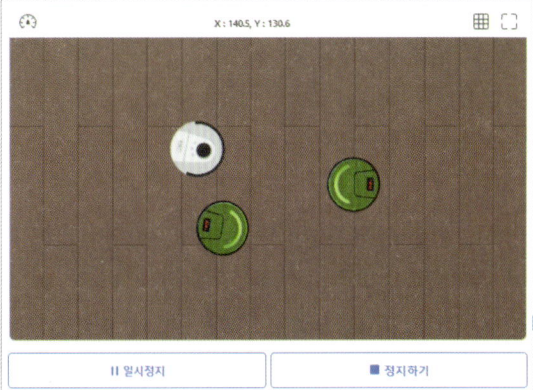

CHAPTER 05 창의 놀이

> **학습 목표**
> • 일상 생활 속의 패턴을 식별하는 방법에 대해 알아봅니다.

패턴 인식

자연에서 패턴 찾기

01 다음 패턴을 보고 아래 연상되는 동물을 찾아 동그라미를 그려보세요.

02 다음 패턴을 보고 연상되는 동물을 알아맞춰 보세요. [　　　　]

03 다음 패턴을 보고 연상되는 과일을 알아맞춰 보세요. [　　　　]

Chapter 05 코딩 놀이 좌표를 이용한 로봇 이동하기

학습목표
- 무대의 좌표에 대해 알아봅니다.
- 좌표를 이용한 블록의 사용 방법을 알아봅니다.

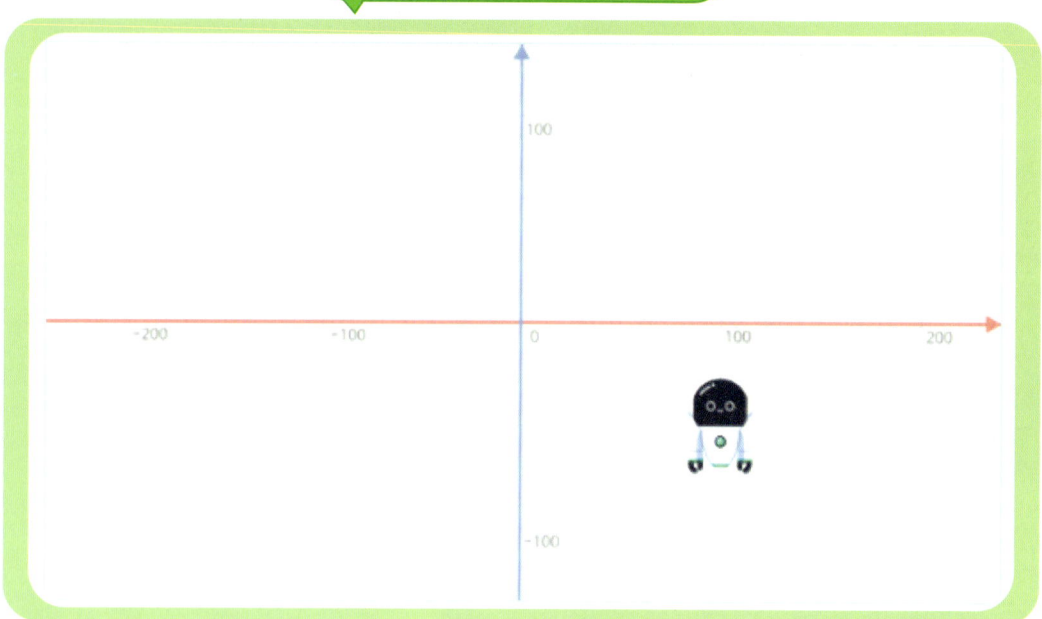

핵심놀이 좌표를 이용한 오브젝트의 이동 블록 알아보기

- `x 좌표를 10 만큼 바꾸기` : 오브젝트의 x좌표값에 입력 값만큼(더하기/빼기) 바꾼 위치로 이동합니다.
- `y 좌표를 10 만큼 바꾸기` : 오브젝트의 y좌표값에 입력 값만큼(더하기/빼기) 바꾼 위치로 이동합니다.
- `x: 10 위치로 이동하기` : 블록에 입력한 x좌표값 위치로 이동합니다.
- `y: 10 위치로 이동하기` : 블록에 입력한 y좌표값 위치로 이동합니다.
- `x: 0 y: 0 위치로 이동하기` : 블록에 입력한 x좌표값 및 y좌표값 위치로 이동합니다.

> 바꾸기 블록은 오브젝트의 좌표값에 블록의 입력값을 더하여 이동하고 이동하기 블록은 오브젝트의 좌표값과 상관없이 블록의 입력값에 해당하는 좌표로 이동합니다.

01 좌표를 이용한 로봇의 위치 이동하기

① [로봇이동] 작품을 오프라인에서 불러온 후 [로봇] 오브젝트의 [블록] 탭에서 [시작] 및 [움직임] 꾸러미를 이용하여 다음과 같이 블록을 연결합니다.

※ 시작하기 버튼을 클릭했을 때 x좌표 0, y좌표 0의 위치로 이동합니다.

무대의 좌표 이해하기

- 무대는 기본적으로 좌표로 구성되어 있습니다.
- x축의 가로 방향으로는 가운데 점(0)을 기준으로 왼쪽으로는 -240, 오른쪽으로는 240까지의 지점에 표시된 오브젝트를 무대에서 확인할 수 있습니다.
- y축의 세로 방향으로는 가운데 점(0)을 기준으로 위쪽으로는 140, 아래쪽으로는 -140까지의 지점에 표시된 오브젝트를 무대에서 확인할 수 있습니다.

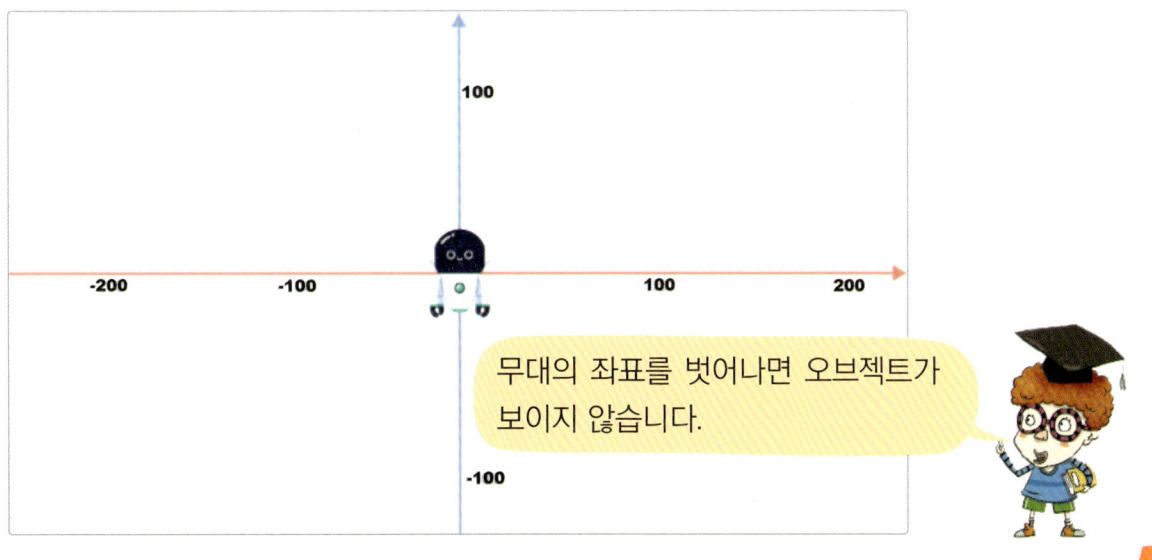

무대의 좌표를 벗어나면 오브젝트가 보이지 않습니다.

02 좌표를 이용한 로봇의 움직임 만들기

① 로봇 오브젝트에서 [블록] 탭-[시작] 꾸러미의 `q▼ 키를 눌렀을 때` 블록을 드래그하여 블록 조립소로 이동한 후 `q▼`를 클릭 후 목록의 [왼쪽 화살표]를 선택하거나 키보드의 왼쪽 방향키(←)를 누릅니다.

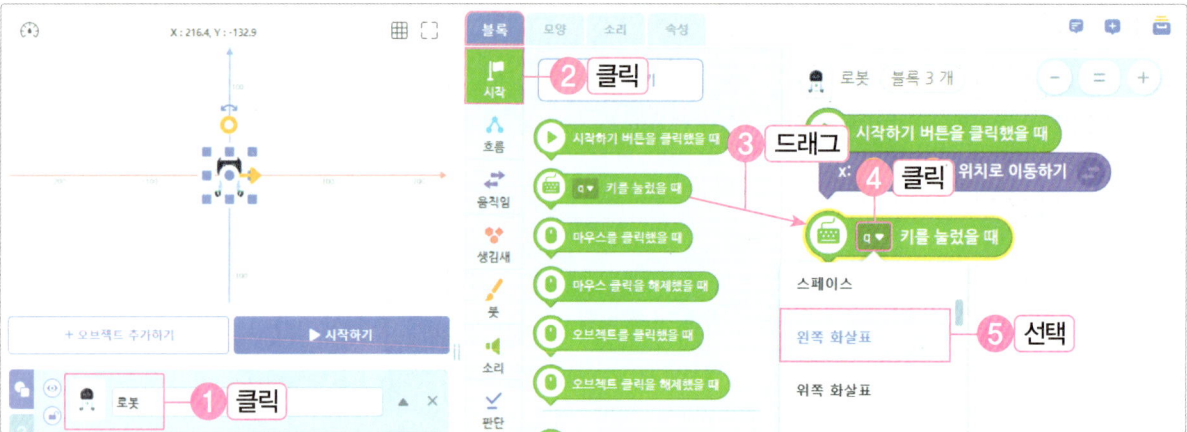

② [움직임] 꾸러미의 `x 좌표를 10 만큼 바꾸기` 블록을 `왼쪽 화살표▼ 키를 눌렀을 때` 블록과 연결한 후 x좌표값 (-10)을 수정합니다. 같은 방법으로 다음과 같이 블록을 연결합니다.

※ 왼쪽 화살표 키를 눌렀을 때 x좌표를 -10만큼 바꾸기, 오른쪽 화살표 키를 눌렀을 때 x좌표를 10만큼 바꾸기
위쪽 화살표 키를 눌렀을 때 y좌표를 10만큼 바꾸기, 아래쪽 화살표 키를 눌렀을 때 y좌표를 -10만큼 바꾸기

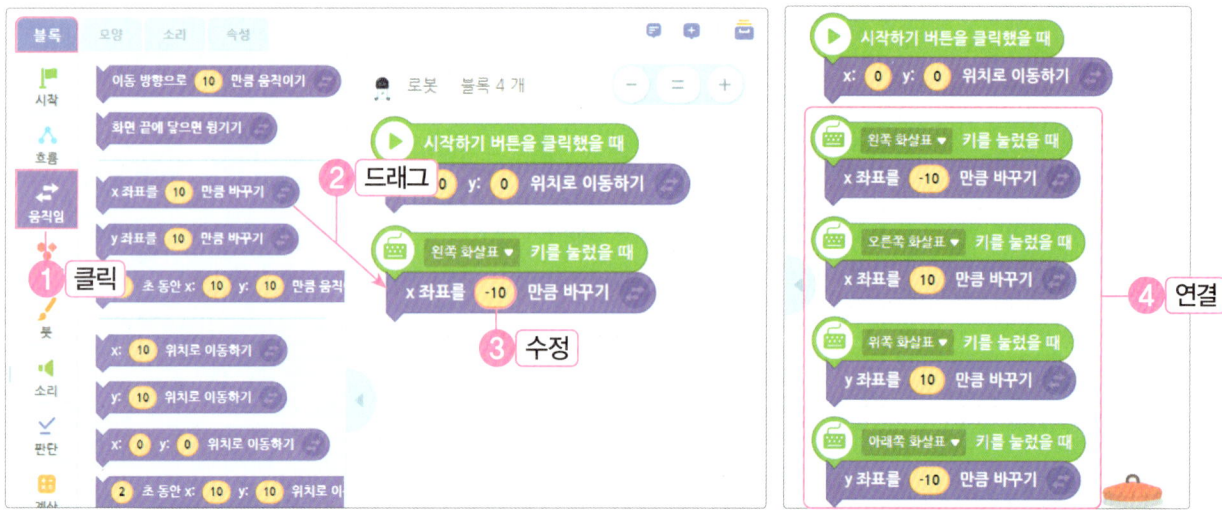

③ [시작하기]를 클릭 후 키보드의 방향키(←/→/↑/↓)를 눌러 해당 방향으로 이동하는지 확인합니다.

CHAPTER 05 문제 해결 미션 수행하기

 '드론비행' 작품을 열고 다음 조건에 따라 무대를 완성한 후 실행해 보세요.

- 시작하기 버튼을 클릭했을 때 x좌표 0, y좌표 0 위치로 이동한 후 계속 반복하여 다음 모양으로 바꿉니다.
- 오른쪽 화살표 키를 눌렀을 때 x좌표를 10만큼 바꿉니다.
- 왼쪽 화살표 키를 눌렀을 때 x좌표를 -10만큼 바꿉니다.
- 위쪽 화살표 키를 눌렀을 때 y좌표를 10만큼 바꿉니다.
- 아래쪽 화살표 키를 눌렀을 때 y좌표를 -10만큼 바꿉니다.

Chapter 05 좌표를 이용한 로봇 이동하기 • 37

CHAPTER 06 창의 놀이

학습 목표

- 사물을 분석하고 필수적인 요소에 집중, 평가 및 비교해 봅니다.

문제 분해 및 추상화

그림자 찾기

겨울과 관련된 사물을 모아보았어요

01 아래 그림을 보고 사물의 모양을 탐색하여 해당 모양의 그림자를 찾아 연결해 보아요.

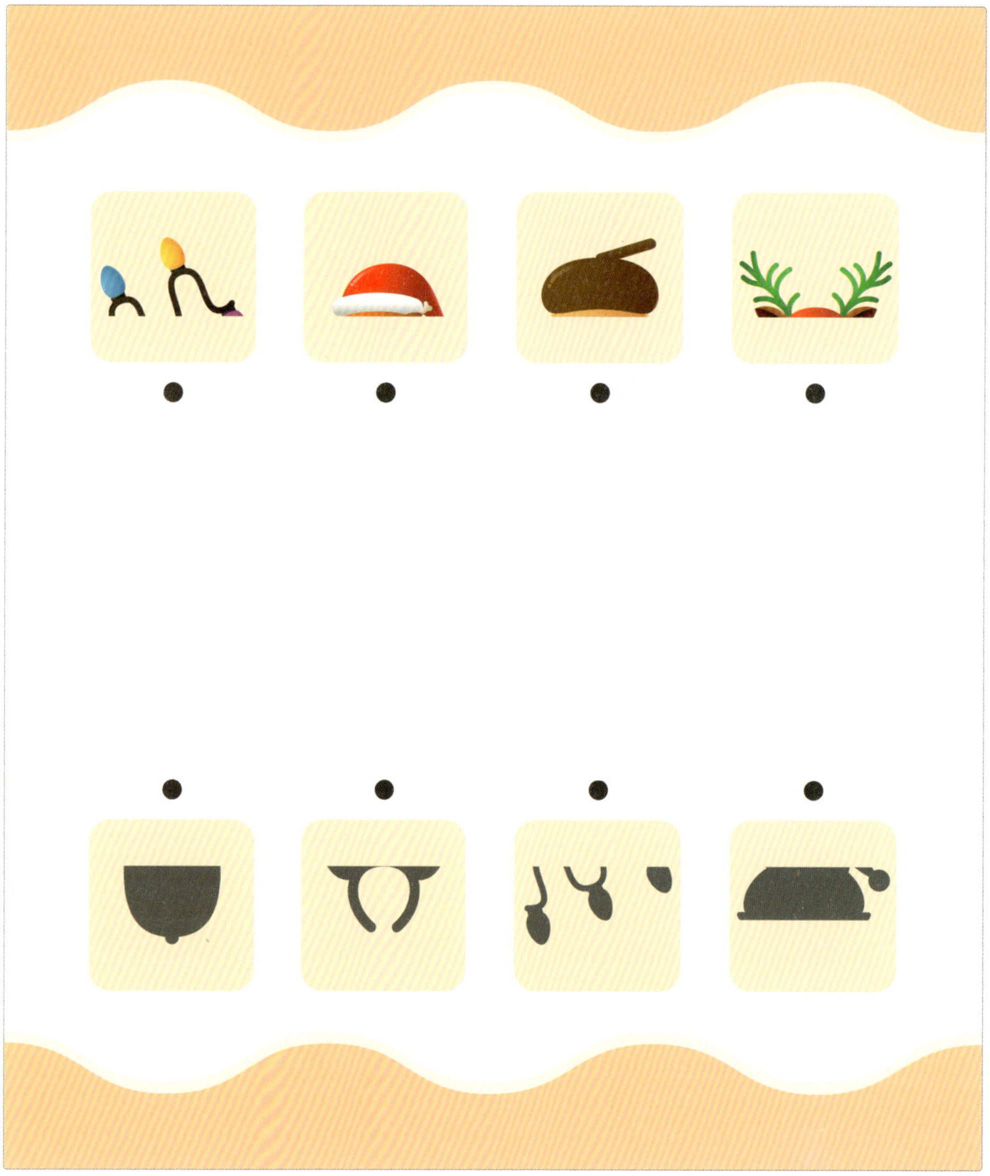

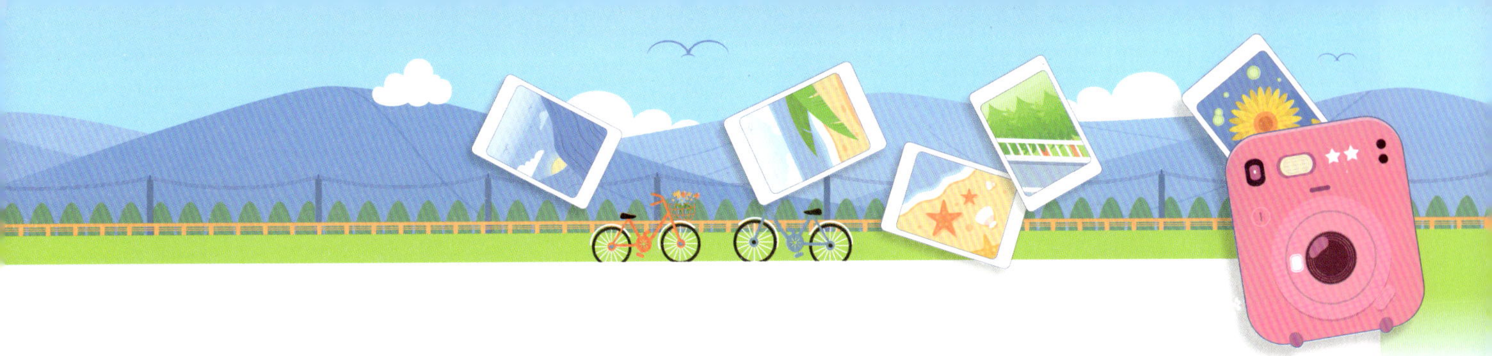

귀여운 다람쥐 친구의 사진이네요.

02 다람쥐의 행동을 보고 그에 맞는 그림자를 찾아 서로 연결해 보아요.

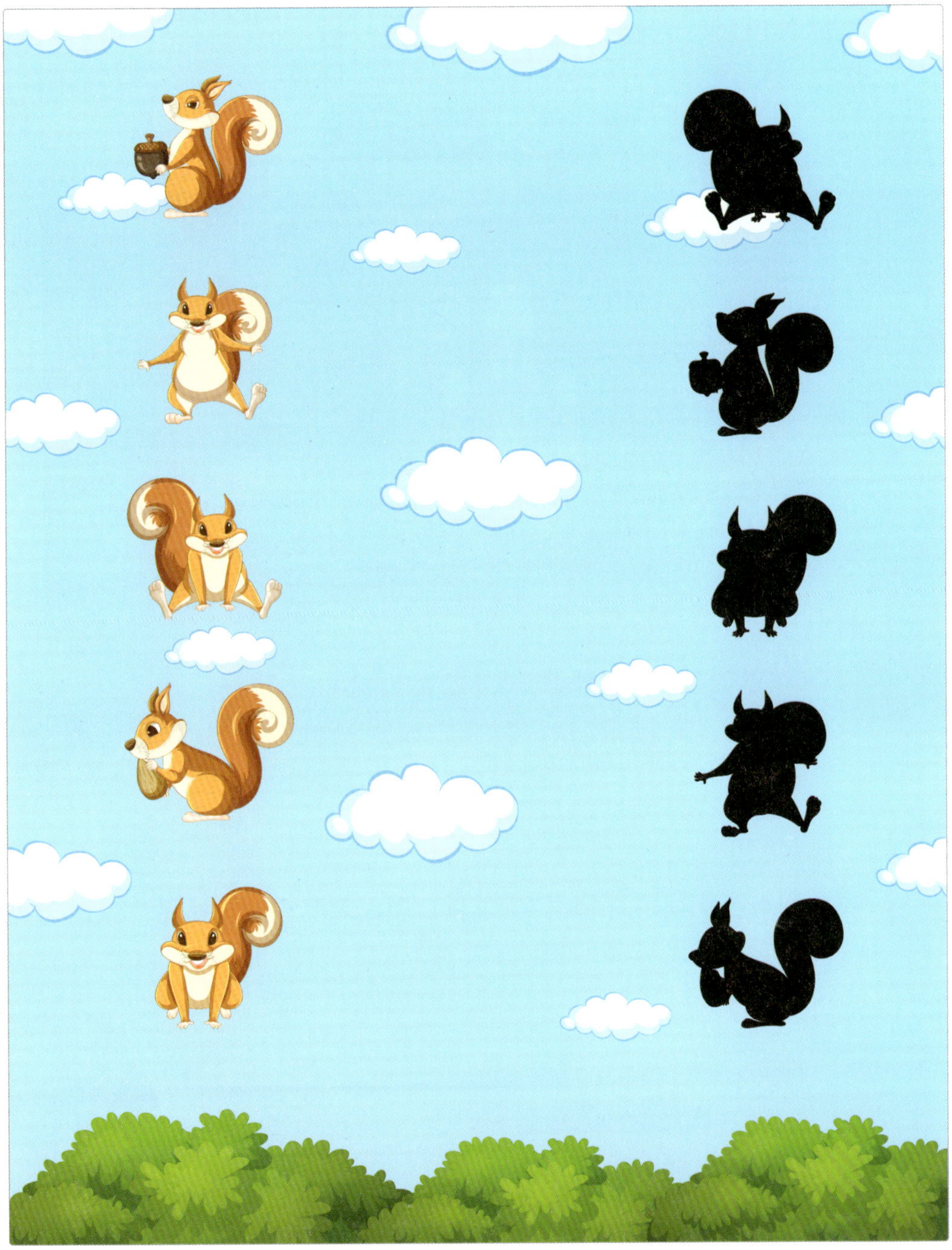

Chapter 06 코딩 놀이 — 로켓 발사 만들기

학습목표

- 일정 횟수 동안 반복하는 블록의 사용 방법에 대해 알아봅니다.
- 모든 오브젝트를 처음부터 다시 실행하는 방법에 대해 알아봅니다.

배울 내용 미리보기

핵심놀이 일정 횟수의 반복하기 블록 및 좌표 이동하기로 오브젝트의 이동 만들기

- **번 반복하기** : 입력한 횟수 만큼 감싸고 있는 블록들을 반복하여 실행합니다.
- **y 좌표를 만큼 바꾸기** : 오브젝트의 y좌표를 입력한 값만큼 바꿉니다.

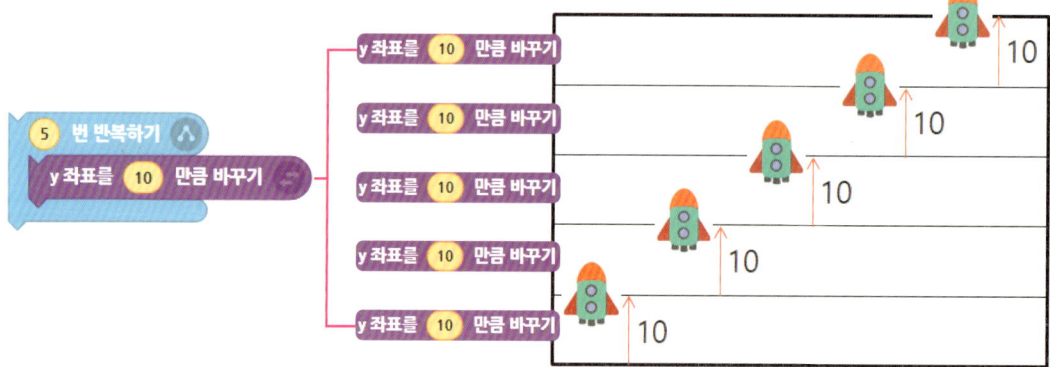

01 로켓 오브젝트의 시작 모양 바꾸기

❶ [로켓발사] 작품을 오프라인에서 불러옵니다. [로켓] 오브젝트의 [블록] 탭에서 [시작] 꾸러미의 `q▼ 키를 눌렀을 때` 블록을 드래그하여 이동 후 `q▼`를 클릭한 다음 목록에서 [스페이스]를 선택합니다.

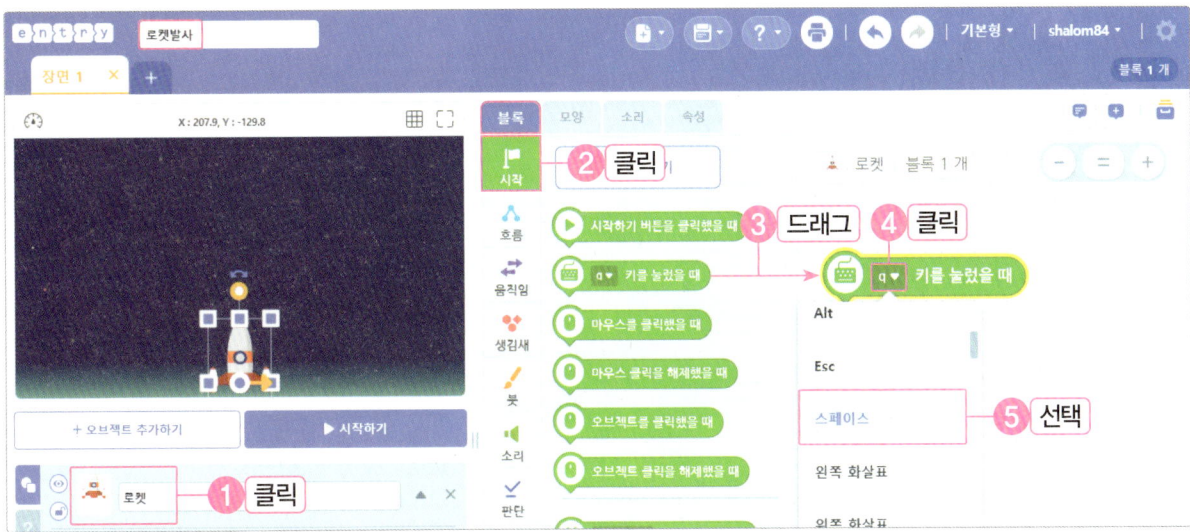

❷ [생김새] 꾸러미의 `로켓1▼ 모양으로 바꾸기` 블록을 드래그하여 `스페이스▼ 키를 눌렀을 때` 블록과 서로 연결한 후 `로켓1▼`을 클릭한 다음 [로켓2]를 선택합니다.

❸ 키보드의 [SpaceBar]를 눌렀을 때 로켓 오브젝트의 모양이 로켓2 모양으로 바뀌도록 블록이 완성됩니다.

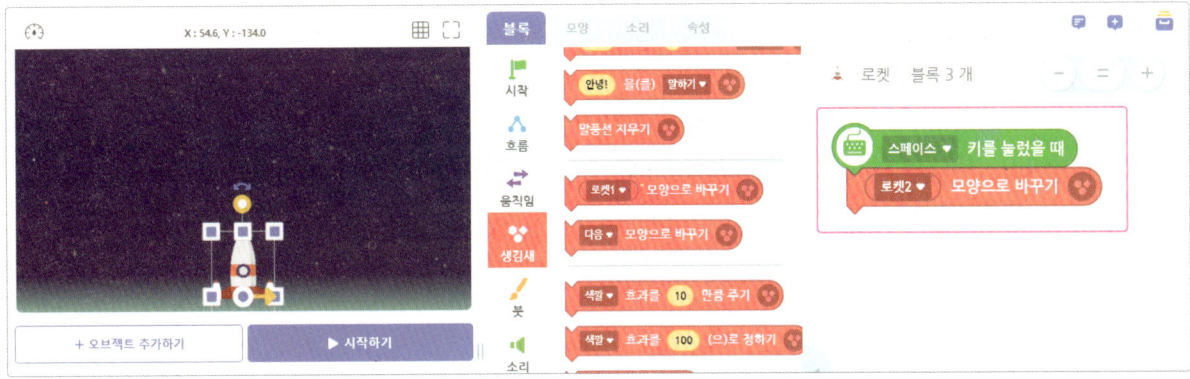

02 일정 횟수 반복하여 로켓의 움직임을 만들고 처음 상태로 설정하기

❶ 로켓 오브젝트의 [블록] 탭에서 [흐름] 및 [움직임] 꾸러미를 이용하여 다음과 같이 블록을 추가합니다.
 ※ 50회 반복하여 y좌표를 10만큼씩 바꾸어 로켓이 올라가는 동작을 만듭니다.

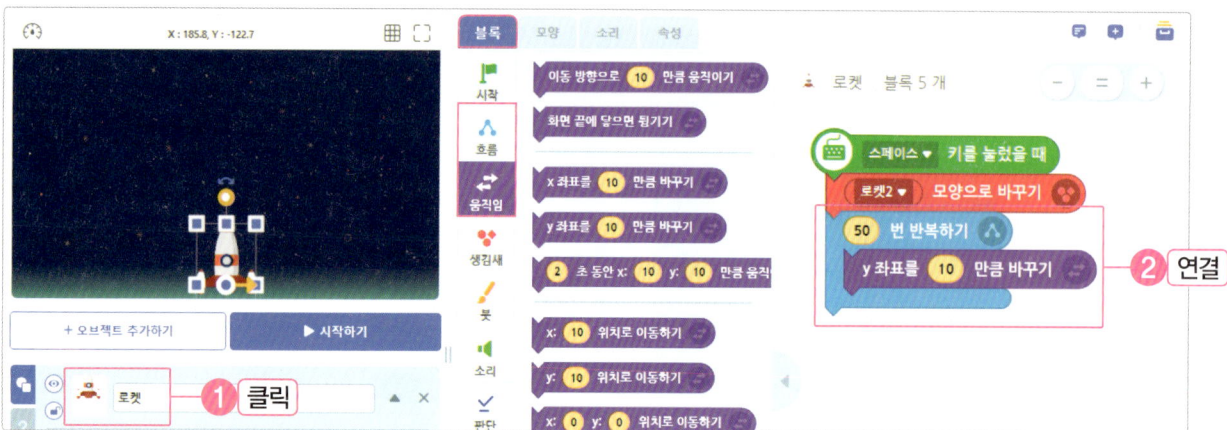

❷ [흐름] 꾸러미의 처음부터 다시 실행하기 블록을 가장 아래쪽에 드래그하여 연결합니다.
 ※ 처음부터 다시 실행하기 블록은 [시작하기]를 눌렀을 때와 같이 무대를 처음부터 다시 실행할 때 사용합니다.

처음부터 다시 실행하기 블록은 무대를 처음부터 다시 실행할 때 사용하는 블록으로 발사되어 무대에서 사라진 로켓을 다시 처음 상태로 되돌리기 위해 사용합니다.

❸ [시작하기]를 클릭 후 키보드의 SpaceBar 를 눌렀을 때 로켓이 발사된 다음 다시 처음 상태로 바뀌는지 확인합니다.

42 • 창의코딩놀이 Lesson 2

CHAPTER 06 문제 해결 미션 수행하기

 '미래도시' 작품을 열고 다음 조건에 따라 무대를 완성한 후 실행해 보세요.

- 스페이스바를 눌렀을 때 다음 기능을 실행합니다.
  - 우주선2 모양으로 바꾸기
  - 10번 반복하여 y좌표를 10만큼 바꾸기
  - 0.2초 기다리기
  - 우주선3 모양으로 바꾸기
  - 40번 반복하여 x좌표를 -10만큼 바꾸기
  - 처음부터 다시 실행하기

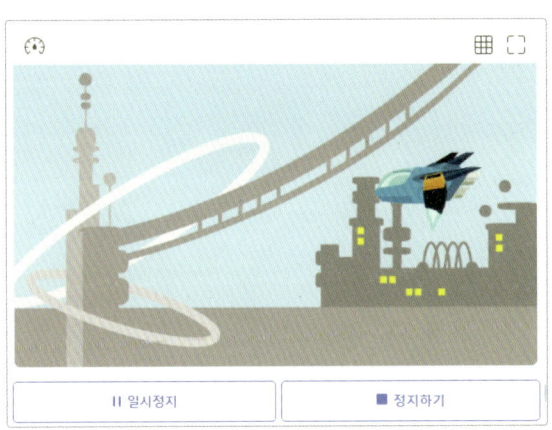

CHAPTER 07 창의 놀이

> **학습 목표**
> • 물체의 중요한 사항에 초점을 맞춰 복잡한 부분을 단순화 하는 방법을 알아봅니다.   `추상화`

물체의 특징 알아보기

01 꼭꼭 숨어라!
동물나라 친구들이 숨바꼭질을 하고 있어요.
꼭꼭 숨어있는 친구들을 찾으려고 하는데 생김새가 비슷한가봐요.
술래 친구를 도와 숨어있는 동물 친구들을 찾아 서로 연결해 보아요.

02 식물원의 예쁜 선인장이 방긋 웃고 있어요.
그런데 선인장의 일부분이 빠져 이상한 모습이 되었어요.
우리 친구들이 서로 연결해서 완벽한 선인장 모습으로 만들어 주세요.

03 곰 친구가 사진을 찍어 여러 장으로 복사했어요.
그런데 무언가 다른 사진 한 장이 있네요.
어떤 사진이 다를까요? 우리 함께 찾아봐요.

Chapter 07 코딩 놀이 — 점프 동작 만들기

학습목표

- 점프 동작의 원리에 대해 알아봅니다.
- 블록을 이용한 점프 동작의 코딩 방법에 대해 알아봅니다.

배울 내용 미리보기

핵심놀이 점프 동작 알아보기

- [올라가기] : 5번 반복하여 y좌표를 10만큼씩 바꿉니다.

- [내려가기] : 5번 반복하여 y좌표를 -10만큼씩 바꿉니다.

01 점프 동작의 올라가기

❶ [점핑놀이] 작품을 오프라인에서 불러온 후 [크래용] 오브젝트의 [모양] 탭에서 모양을 확인합니다.

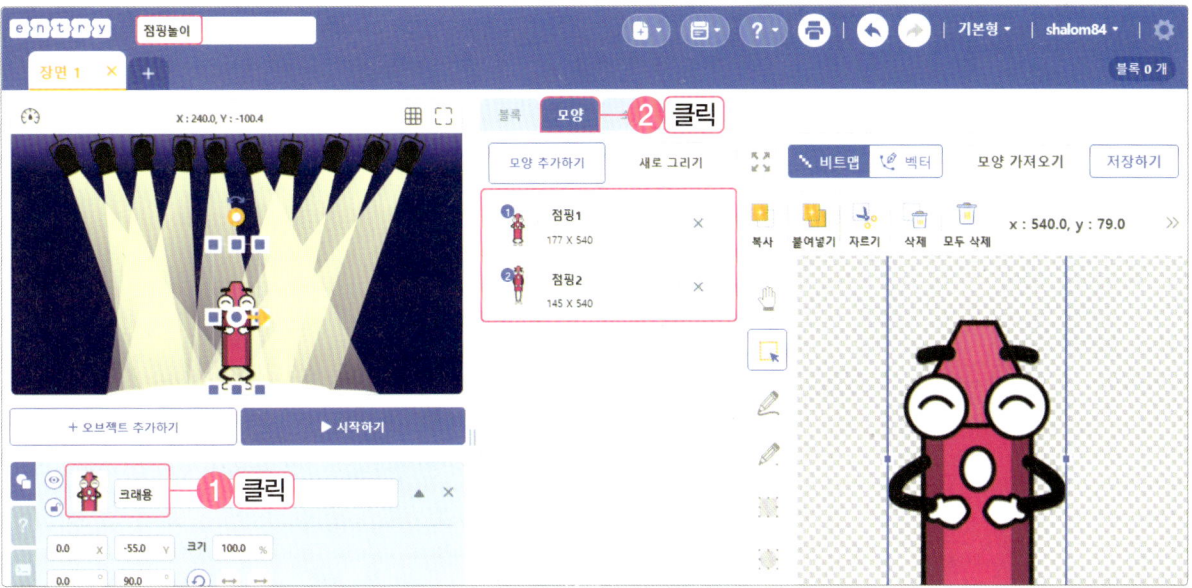

❷ [블록] 탭에서 [시작] 및 [흐름], [움직임], [생김새] 꾸러미를 이용하여 다음과 같이 블록을 연결합니다.
※ 키보드의 SpaceBar 를 눌렀을 때 점핑2 모양으로 바꾸고 10번 반복하여 y좌표를 5만큼씩 바꾸기로 뛰어 올라가는 모양의 동작을 만듭니다.

Chapter 07 점프 동작 만들기 • 47

02 점프 동작의 내려가기

❶ 크래용 오브젝트의 [흐름] 및 [움직임], [생김새] 꾸러미를 이용하여 다음과 같이 블록을 추가합니다.
  ※ 10번 반복하여 y좌표를 -5만큼씩 바꾸기로 내려가는 동작 후 무릎을 굽히는 모양으로 만듭니다.

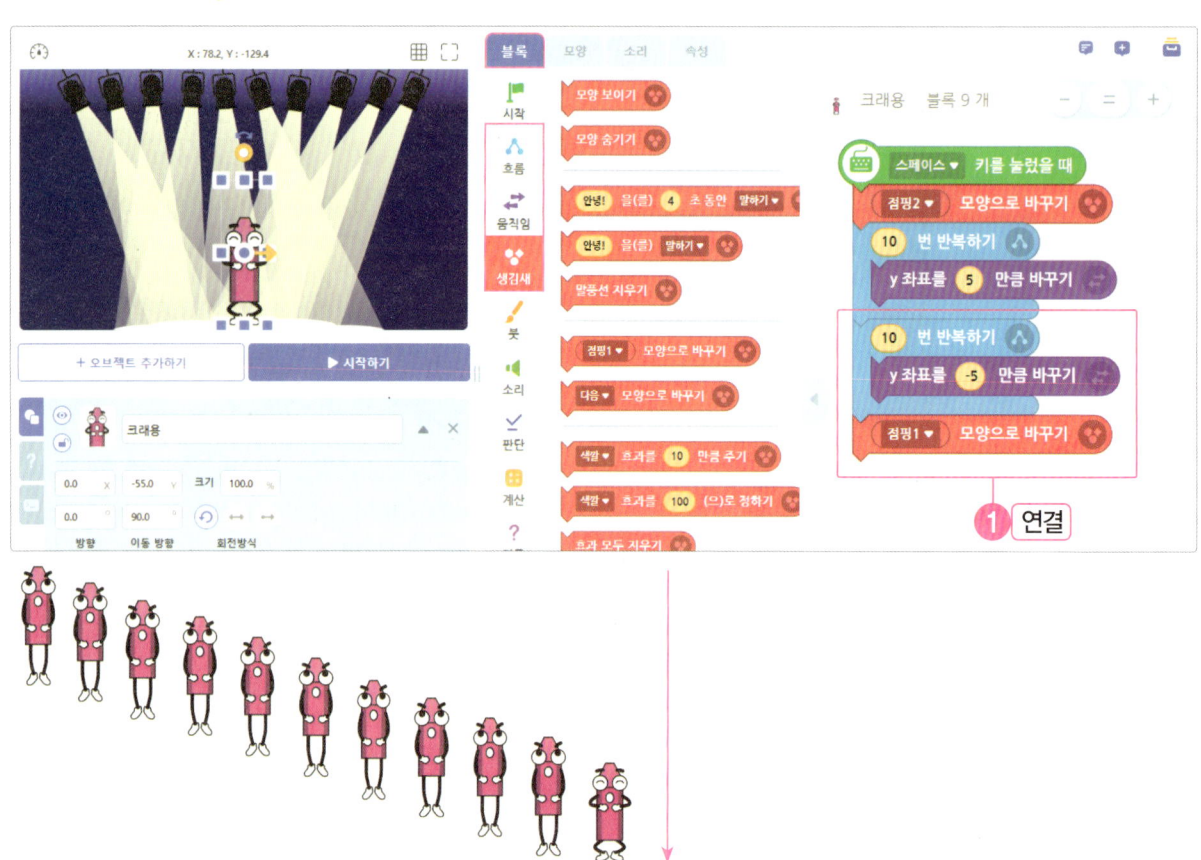

❷ [시작하기]를 클릭 후 키보드의 SpaceBar 를 눌러 크래용의 점핑 동작을 확인합니다.

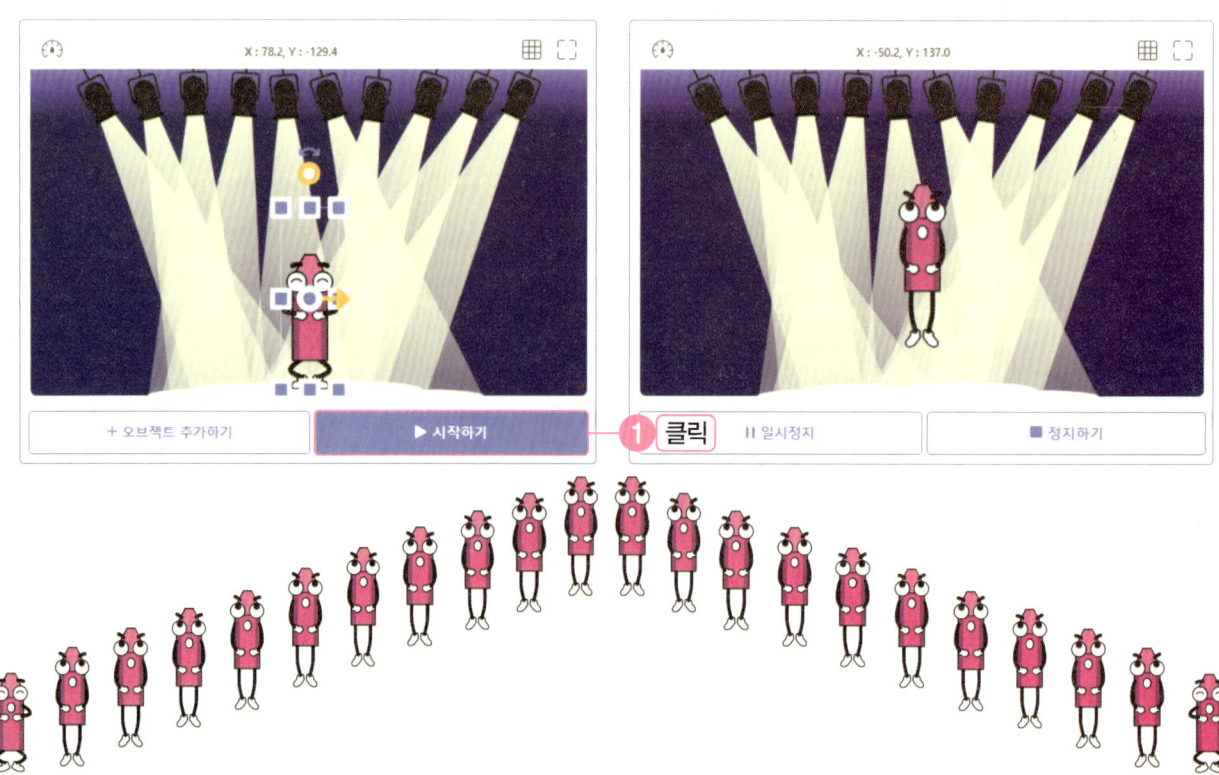

CHAPTER 07 문제 해결 미션 수행하기

 '미래도시' 작품을 열고 다음 조건에 따라 무대를 완성한 후 실행해 보세요.

- 스페이스바를 눌렀을 때 다음 기능을 실행합니다.
  - 집게2 모양으로 바꾸기
  - 20번 반복하여 y좌표를 -10만큼 바꾸기
  - 집게1 모양으로 바꾸기
  - 0.2초 기다리기
  - 20번 반복하여 y좌표를 10만큼 바꾸기

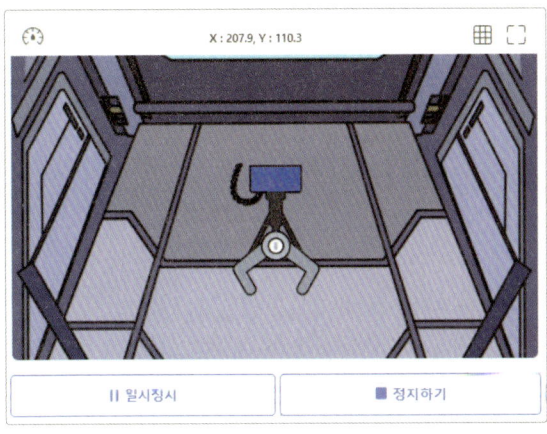
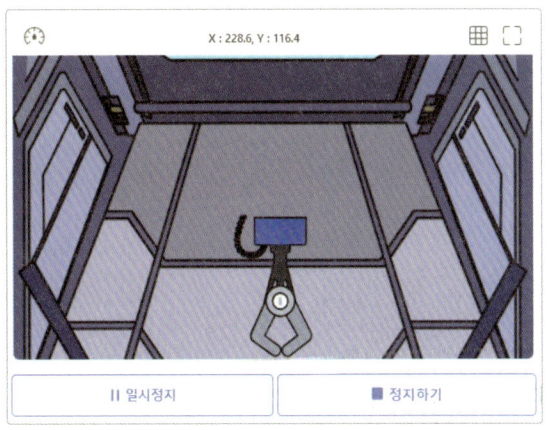
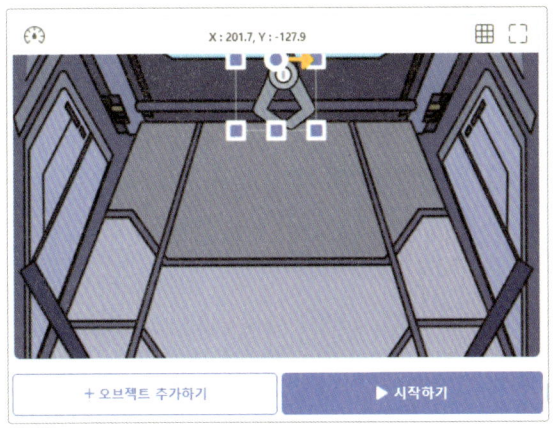

CHAPTER 08 창의 놀이

학습 목표

- 추상화와 논리적 문제 해결 방법을 알아봅니다.

추상화 및 문제 해결 능력

음식 찾기

시온이는 부모님과 함께 마트에서 장을 보고 푸드 코너에서 점심을 먹으려고 합니다. 시온이는 면 종류를 모두 좋아하는 편이며, 그 중 가장 좋아하는 음식은 중국 음식점에서 만든 면요리라고 할 수 있습니다.

01 중국 음식점 메뉴 중에서 면 요리를 제외한 음식은 무엇일까요? [   ]

02 시온이가 가장 좋아하는 음식은 무엇일까요? [   ]

03 왼쪽 그림의 요리를 아래 보기의 5개 메뉴 항목으로 구분할 때 빈 칸에 들어갈 메뉴로 옳은 것을 적어주세요.

Chapter 08 코딩 놀이

발사대를 따라 움직이는 우주선 만들기

학습목표

- 마우스 포인터의 가로 또는 세로 좌표를 따라 다니는 오브젝트를 만들어봅니다.
- 특정 오브젝트를 따라 다니는 오브젝트를 만들어봅니다.

배울 내용 미리보기

핵심놀이 핵심 블록 코드 이해하기 (샘플.ent)

① `x: 마우스 x▼ 좌푯값 위치로 이동하기` : 오브젝트(보드)의 x좌표 위치를 마우스 포인터의 x좌푯값 위치로 이동합니다.
(`x: 10 위치로 이동하기` + `마우스 x▼ 좌푯값`)

② `x: 보드▼ 의 x좌푯값▼ 위치로 이동하기` : 오브젝트(미어캣)의 x좌표 위치를 오브젝트(보드)의 x좌푯값 위치로 이동합니다.
(`x: 10 위치로 이동하기` + `보드▼ 의 x좌푯값▼`)

52 • 창의코딩놀이 Lesson 2

01 마우스 포인터의 x좌표(가로 방향) 위치로 이동하는 발사대 만들기

❶ [발사준비] 작품을 오프라인에서 불러온 후 [발사대] 오브젝트의 [블록] 탭에서 [시작] 및 [흐름], [움직임] 꾸러미를 이용하여 다음과 같이 블록을 연결합니다.

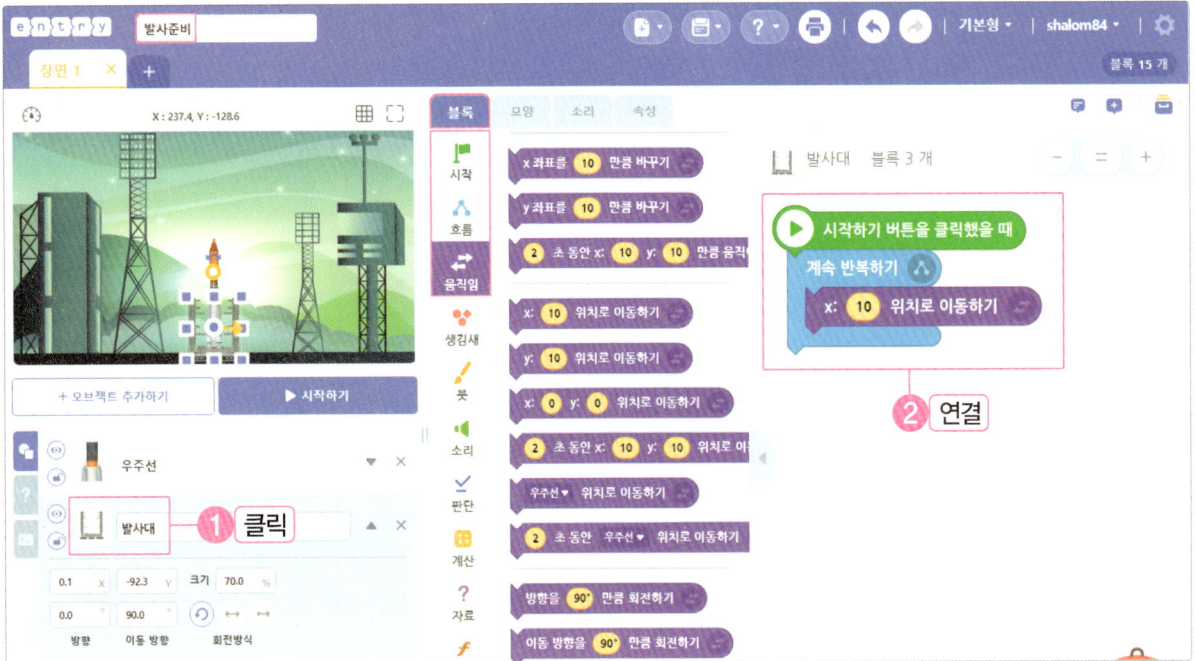

❷ [계산] 꾸러미의 `마우스 x▼ 좌푯값` 블록을 드래그하여 `x: 10 위치로 이동하기` 블록 안에 끼워넣습니다.
※ 시작하기 버튼을 클릭했을 때 계속 반복하여 x좌표를 마우스 포인터의 x좌표(가로 방향) 위치로 이동합니다.

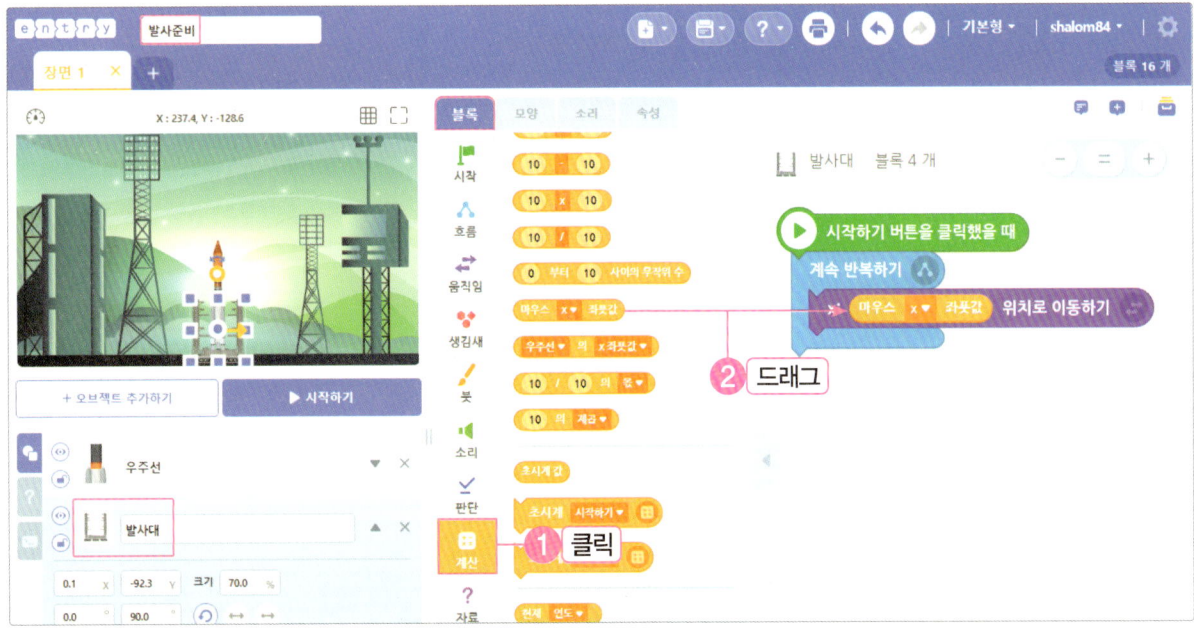

02 발사대의 x좌표(가로 방향) 위치로 이동하는 우주선 만들기

❶ [우주선] 오브젝트의 [블록] 탭에서 [시작] 및 [흐름], [움직임], [계산] 꾸러미를 이용하여 다음과 같이 블록을 연결합니다.

※ 시작하기 버튼을 클릭했을 때 계속 반복하여 x좌표 위치를 발사대의 x좌표(가로 방향) 위치로 이동합니다.

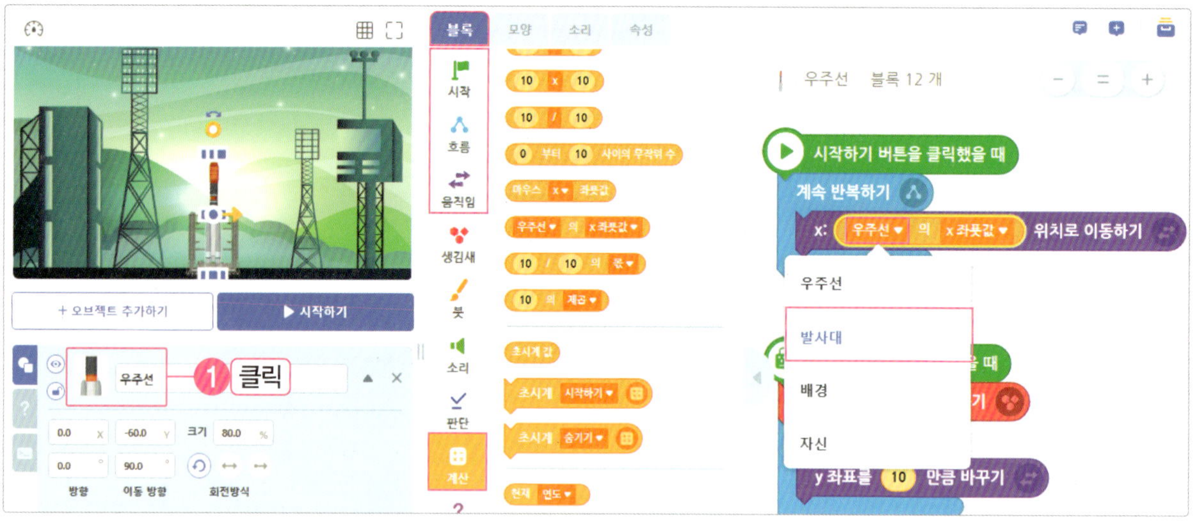

❷ [시작하기]를 클릭 후 마우스 포인터를 움직여 발사대 및 우주선이 함께 이동하는지 확인합니다. 키보드의 SpaceBar를 누르면 우주선이 발사됩니다.

※ 예제 파일에는 키보드의 SpaceBar를 눌렀을 때 우주선이 발사되도록 블록 코딩이 포함되어 있습니다.

CHAPTER 08 문제 해결 미션 수행하기

미션 1 '석궁대회' 작품을 열고 다음 조건에 따라 무대를 완성한 후 실행해 보세요.

- 시작하기 버튼을 클릭했을 때 계속 반복하여 y좌표 위치를 마우스 포인터의 y좌푯값 위치로 이동합니다.

- 시작하기 버튼을 클릭했을 때 계속 반복하여 y좌표 위치를 석궁의 y좌푯값 위치로 이동합니다.

Chapter 08 발사대를 따라 움직이는 우주선 만들기

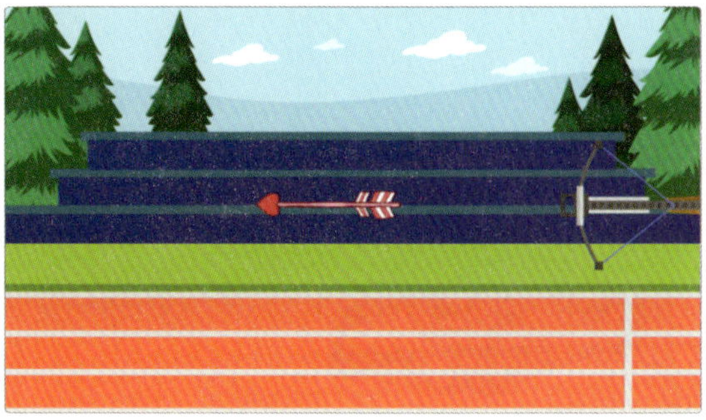

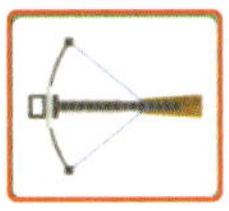

CHAPTER 09 창의 놀이

학습 목표

- 데칼코마니 기법을 활용하여 이미지의 예측 가능한 패턴을 만드는 방법을 알아봅니다. **추상화**

데칼코마니   ※ 데칼코마니란? 한 표면에서 다른 표면으로 이미지나 패턴을 옮기는 것을 말합니다.

시온이는 미술 시간에 데칼코마니 기법을 활용하기 위해 스케치북 한 면에 그림을 그리고 접었습니다. 아래의 그림을 참고하여 문제를 풀어 보세요.

01 데칼코마니의 결과를 보고 ❶에 들어갈 그림의 동그라미를 그려보세요.

02 데칼코마니의 결과를 보고 ❷에 들어갈 그림의 동그라미를 그려보세요.

03 데칼코마니의 결과를 보고 ❸에 들어갈 그림의 동그라미를 그려보세요.

04 왼쪽 스케치북에서 ❶, ❷, ❸의 특징으로 맞으면 ○, 틀리면 X를 적어보세요.

(   ) 사람이 탈 수 있습니다.

(   ) 사람이 먹을 수 있습니다.

Chapter 09 코딩 놀이

크기 변경으로 헐크 변신 만들기

학습목표
- 오브젝트의 크기 변경 방법에 대해 알아봅니다.
- 블록을 이용한 크기 변경 방법을 실습해봅니다.

 오브젝트의 크기 변경에 사용하는 블록 알아보기

- `크기를 10 만큼 바꾸기` : 오브젝트의 크기를 입력한 값(더하기/빼기) 만큼 바꿉니다.
- `크기를 100 (으)로 정하기` : 오브젝트의 크기를 입력한 값으로 정합니다.
- `원래 크기로 되돌리기` : 오브젝트의 원래(기본 설정) 크기로 되돌립니다.

▲ 1을 누름(크기 120)

▲ 기본 크기(100)   ▲ 2를 누름(크기 80)

▲ 3을 누름(크기 100)

01 헐크의 모양 변경 및 크기 확대하기

❶ [헐크변신] 작품을 오프라인에서 불러온 후 [헐크] 오브젝트의 [모양] 탭에서 모양을 확인합니다.

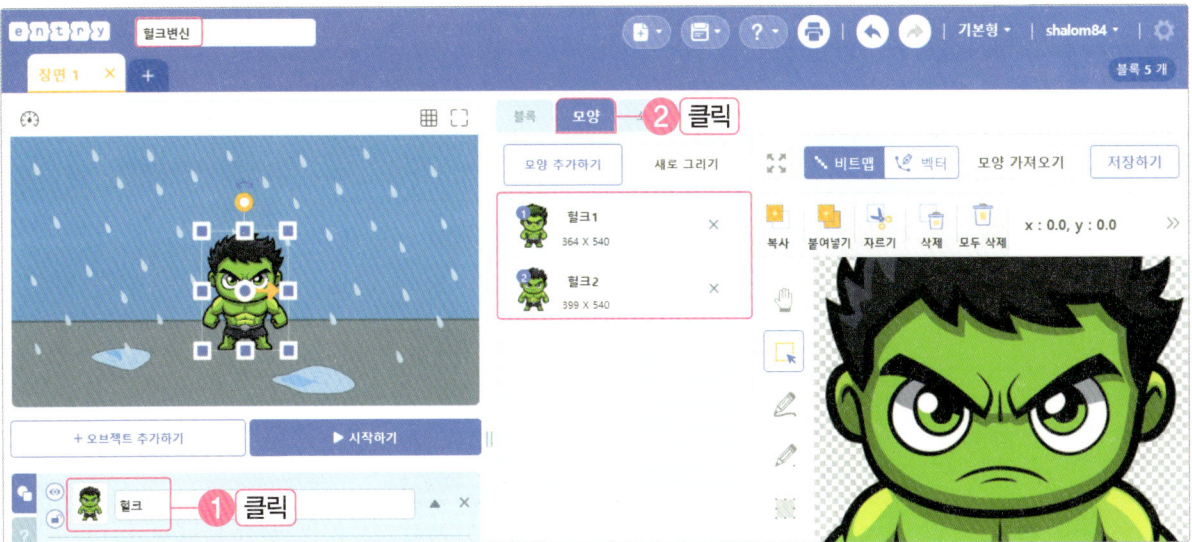

❷ [블록] 탭에서 [시작] 및 [생김새] 꾸러미를 이용하여 다음과 같이 블록을 연결합니다.

※ 키보드의 SpaceBar 를 눌렀을 때 헐크2 모양으로 바꿉니다.

❸ [흐름] 및 [생김새] 꾸러미를 이용하여 다음과 같이 블록을 추가 연결합니다.

※ 10회 반복하여 크기를 10만큼 바꿉니다.

Chapter 09 크기 변경으로 헐크 변신 만들기 • 59

헐크의 크기 축소 및 모양 변경 추가하기

❶ [헐크] 오브젝트의 [블록] 탭에서 [흐름] 및 [생김새] 꾸러미를 이용하여 블록을 추가 연결합니다.
   ※ 10회 반복하여 크기를 –10만큼 바꾼 후 헐크1 모양으로 바꿉니다.

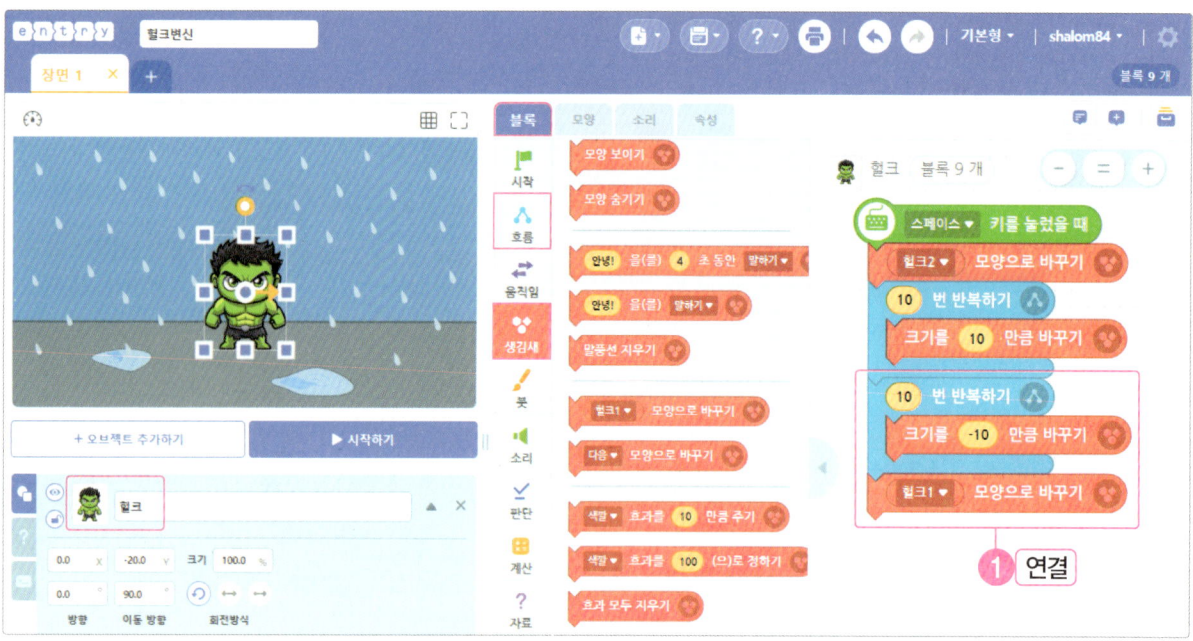

❷ [시작하기]를 클릭 후 키보드의 SpaceBar 를 눌러 헐크의 모양 변경과 함께 크기가 커졌다가 다시 원래의 크기와 모양으로 돌아오는지 확인합니다.

 크기 변경이 이상하다면 혹시 크기를 100 (으)로 정하기 블록으로 만들지 않았는지 확인해 보세요.

CHAPTER 09 문제 해결 미션 수행하기

 '표정' 작품을 열고 다음 조건에 따라 무대를 완성한 후 실행해 보세요.

하트1 하트2

- 스페이스바를 눌렀을 때 다음 기능을 실행합니다.
  - 10번 반복하여 크기를 10만큼 바꾸기
  - 10번 반복하여 크기를 -10만큼 바꾸기

- 스페이스바를 눌렀을 때 얼굴2 모양으로 바꾼 후 0.1초 기다렸다가 얼굴1 모양으로 바꿉니다.

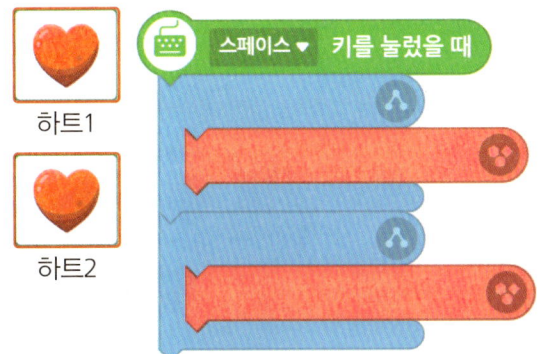 

Chapter 09 크기 변경으로 헐크 변신 만들기 • 61

CHAPTER 10 창의 놀이

학습 목표

• 컴퓨팅 사고력을 이용한 이미지의 컴퓨터 언어 변환 방법을 알아봅니다.

컴퓨팅 사고력

모눈종이 이미지 읽기

컴퓨터는 모든 정보를 숫자로 나타냅니다. 모눈종이 위의 이미지를 숫자로 나타내기 위해 0과 1의 숫자를 이용합니다. 가장 위쪽의 왼쪽부터 차례로 칸의 색이 채워진 경우에는 1로, 채워지지 않은 경우에는 0으로 나타냅니다.

1	0	0	0	1
1	0	0	0	1
0	1	0	1	0
0	0	1	0	0
0	0	1	0	0
0	0	1	0	0

모눈종이 이미지 읽기

01 모눈종이 이미지를 숫자로 표현하였을 때 빈 칸을 숫자로 채워보세요.

0	1	1	1	0
1	0	0	0	1
0	0	0	0	1
⬜	⬜	⬜	1	0
⬜	⬜	⬜	0	0
1	1	1	1	1

1	1	1	1	1
1	0	0	0	0
1	1	⬜	⬜	⬜
0	0	⬜	⬜	⬜
0	0	0	0	1
1	1	1	1	0

Chapter 10 코딩 놀이 — 투명 드라큘라 만들기

학습목표

- 오브젝트의 효과 변경 방법에 대해 알아봅니다.
- 블록을 이용한 효과(투명도) 변경 방법에 대해 실습해봅니다.

핵심놀이 | 오브젝트에 효과를 적용하는 블록 알아보기

- 색깔 : 색깔 효과를 입력한 값(더하기/빼기) 만큼 줍니다.
  (0 ~ 100 사이의 범위)
- 밝기 : 밝기 효과를 입력한 값(더하기/빼기) 만큼 줍니다.
  (-100 ~ 100 사이의 범위 -100 이하는 -100, 100 이상은 100으로)
- 투명도 : 투명도 효과를 입력한 값(더하기/빼기) 만큼 줍니다.
  (0 ~ 100 사이의 범위 0 이하는 0으로, 100 이상은 100으로 처리)

- 색깔 : 색깔 효과를 입력한 값으로 정합니다.
  (0 ~ 100 사이의 범위)
- 밝기 : 밝기 효과를 입력한 값으로 정합니다.
  (-100 ~ 100 사이의 범위 -100 이하는 -100, 100 이상은 100으로)
- 투명도 : 투명도 효과를 입력한 값으로 정합니다.
  (0 ~ 100 사이의 범위 0 이하는 0으로, 100 이상은 100으로 처리)

01 드라큘라 오브젝트의 투명 효과 만들기

❶ [공포영화] 작품을 오프라인에서 불러온 후 [드라큘라] 오브젝트의 [블록] 탭에서 [시작] 및 [흐름], [생김새] 꾸러미를 이용하여 다음과 같이 블록을 연결합니다.

※ 키보드의 1을 눌렀을 때 20번 반복하여 0.1초 기다린 후 투명도 효과를 5만큼 줍니다.

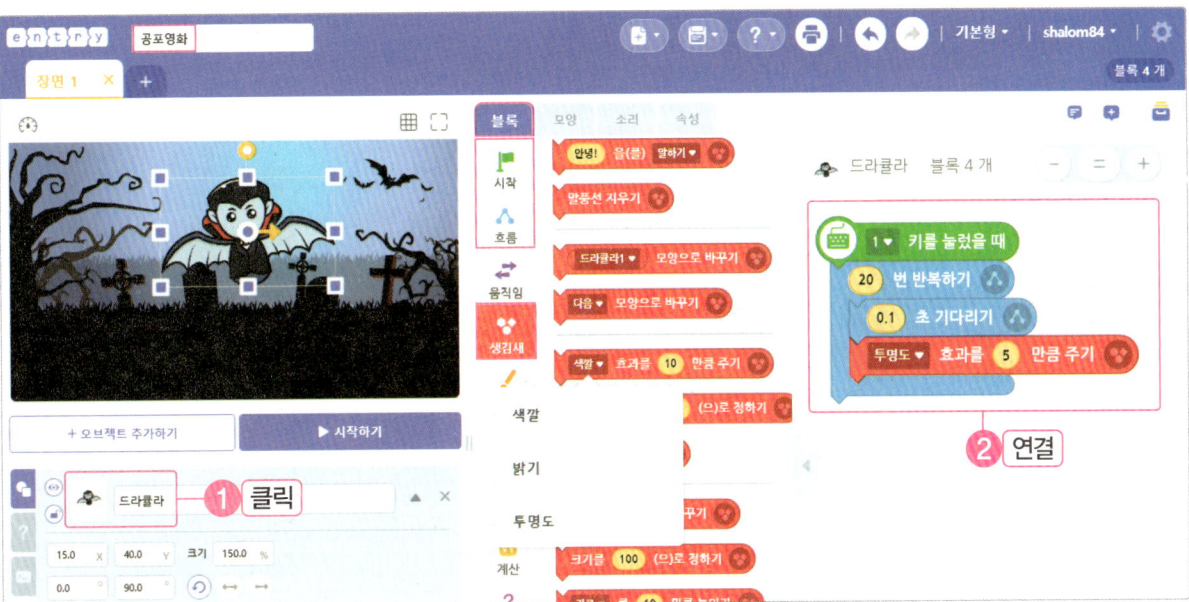

❷ 코드를 복제하기 위해 조립한 블록의 위쪽에서 바로 가기 메뉴의 [코드 복제하기]를 선택합니다. 코드가 복제되면 2▼ 키를 눌렀을 때 와 투명도▼ 효과를 -5 만큼 주기 로 블록 내용을 수정합니다.

※ 키보드의 2를 눌렀을 때 20번 반복하여 0.1초 기다린 후 투명도 효과를 -5만큼 줍니다.

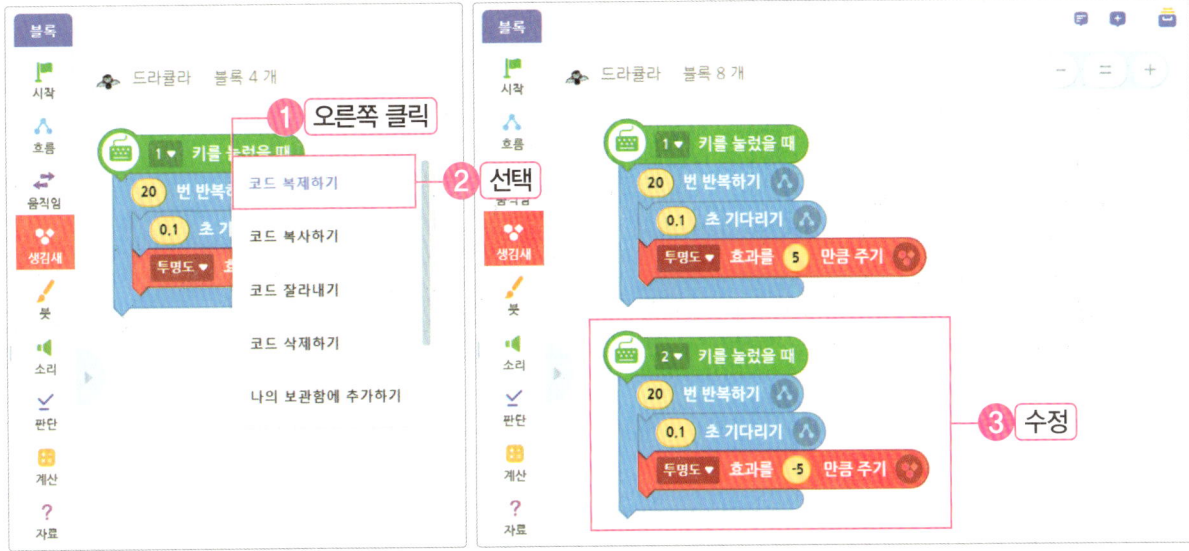

02 드라큘라 오브젝트의 투명 효과를 기본 설정으로 만들기

❶ [드라큘라] 오브젝트의 [블록] 탭에서 [시작] 및 [생김새] 꾸러미를 이용하여 다음과 같이 블록을 연결합니다.

※ 키보드의 SpaceBar 를 눌렀을 때 색깔 효과를 기본값인 0으로 지정합니다.

❷ [시작하기]를 클릭 후 키보드의 1과 2 그리고 SpaceBar 를 눌러 보면서 키에 적용된 투명도 효과를 확인합니다.

❶ 클릭

1 을 누르면 서서히 드라큘라를 투명하게 만듭니다.
2 를 누르면 서서히 드라큘라를 무대에 나타냅니다.
SpaceBar 를 누르면 기본 설정으로 오브젝트를 표시합니다.

CHAPTER 10 문제 해결 미션 수행하기

 '트리장식' 작품을 열고 다음 조건에 따라 무대를 완성한 후 실행해 보세요.

   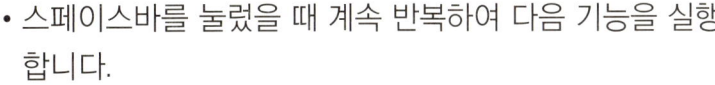

전구1 ~ 전구6   별

- 스페이스바를 눌렀을 때 계속 반복하여 다음 기능을 실행합니다.
  – 50번 반복하여 색깔 효과를 2만큼 주기

     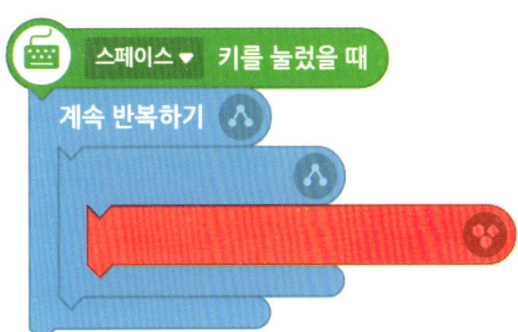

전구1 ~ 전구6   별

동일한 코드 블록이 사용될 경우 블록을 조립 후 바로 가기 메뉴의 [코드 복사하기]를 눌러 복사하고 붙여넣을 오브젝트로 이동한 다음 바로 가기 메뉴의 [붙여넣기]를 클릭하면 편리하게 사용할 수 있습니다.

CHAPTER 11 창의 놀이

학습 목표
- 컴퓨팅 사고력을 이용한 컴퓨터 언어의 이미지 변환 방법을 알아봅니다.

컴퓨팅 사고력

숫자를 이미지로 만들기

컴퓨터는 0과 1로된 숫자를 통해 정보를 기억하며 기억된 정보를 이미지화 하여 인쇄할 수 있습니다. 가장 위쪽의 왼쪽부터 차례로 숫자1은 색을 채우고 숫자0은 색을 채우지 않는 부분으로 나타내어 정보를 인쇄해 보세요.

0 0 1 0 0

0 1 0 1 0

1 0 0 0 1

0 0 0 0 0

1 1 1 1 1

0 0 1 0 0

숫자를 이미지로 만들기

01 아래 표시된 숫자 정보를 참고하여 채워지지 않은 부분을 색칠하기로 표현해 보세요.

0	1	1	1	0
1	0	0	0	1
0	1	1	1	0
0	0	0	0	0
0	0	1	0	0
1	1	1	1	1

1	1	1	0	1
0	0	1	0	1
1	1	1	0	1
1	0	0	0	1
1	1	1	0	1
0	0	0	0	1

Chapter 11   세계일주 여행하기

- 마우스 포인터 또는 특정 오브젝트를 바라보는 블록의 사용법을 알아봅니다.
- 특정 시간 동안 오브젝트의 이동에 사용하는 블록에 대해 알아봅니다.

배울 내용 미리보기

핵심놀이   바라보기 및 특정 시간 동안 이동하기 블록 알아보기

- `엔트리봇 쪽 바라보기` : 방향을 회전하여 선택한 오브젝트 또는 마우스 포인터를 바라봅니다.

- `엔트리봇 위치로 이동하기` : 선택한 오브젝트 또는 마우스 포인터 위치로 이동합니다. (중심점이 기준)

- `2초 동안 엔트리봇 위치로 이동하기` : 입력한 시간 동안 선택한 오브젝트 또는 마우스 포인터의 위치로 이동합니다.

▲ 엔트리봇 바라보기

▲ 0초 동안 엔트리봇 위치로 이동하기

▲ 엔트리봇 위치로 이동하기

01 오브젝트(프랑스)를 바라보며 일정 시간 동안 이동하기

❶ [세계여행] 작품을 오프라인에서 불러온 후 [여객기] 오브젝트의 [블록] 탭에서 [시작] 및 [흐름], [움직임] 꾸러미를 이용하여 다음과 같이 블록을 연결합니다.

❷ 블록 조립소의 `여객기▼ 쪽 바라보기` 블록에서 `여객기▼`를 클릭한 후 [프랑스]를 선택합니다. 같은 방법으로 `2 초 동안 여객기▼ 위치로 이동하기` 블록에서 `여객기▼`를 클릭 후 [프랑스]로 선택합니다.

※ [움직임] 꾸러미의 2개 블록 설명 : 프랑스 쪽을 바라보며 2초 동안 프랑스 위치로 이동합니다.

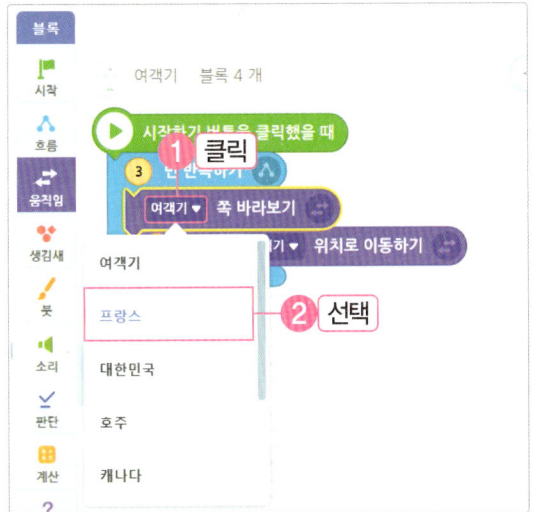
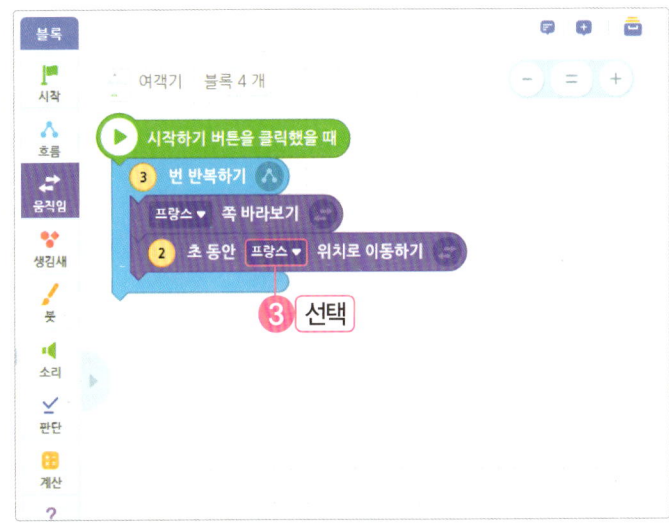

Chapter 11 세계일주 여행하기 • 71

02 특정 위치로 이동하기 위한 블록 연결하기

❶ 블록 조립소의 [프랑스▼ 쪽 바라보기] 블록에서 바로 가기 메뉴의 [코드 복제하기]를 선택합니다. 코드가 복제되면 [3 번 반복하기] 블록 안에 끼워 넣고 두 개의 블록 모두 [캐나다]로 내용을 수정합니다.

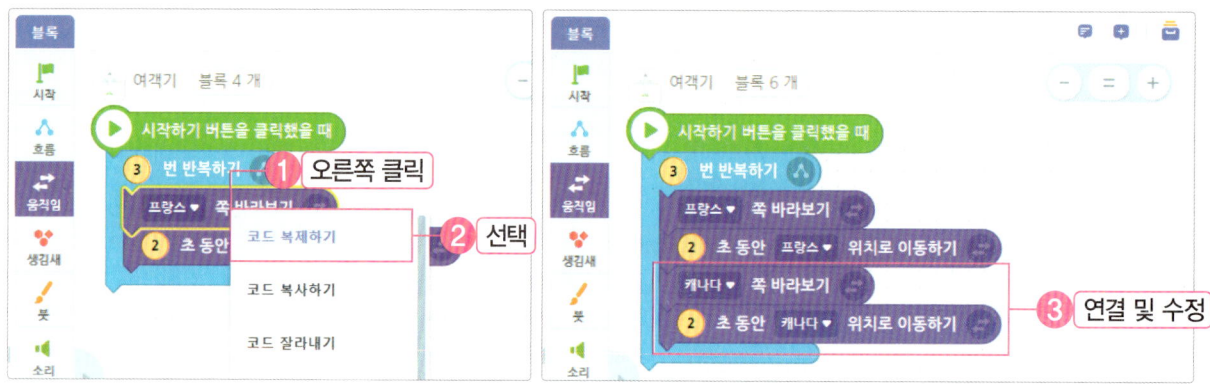

❷ 같은 방법으로 다음과 같이 블록을 복제한 후 내용을 수정합니다.

※ [시작하기] 버튼을 클릭했을 때 3번 반복하여 다음과 같이 실행합니다.
- 프랑스 쪽을 바라보며 2초 동안 프랑스 위치로 이동하기
- 캐나다 쪽을 바라보며 2초 동안 캐나다 위치로 이동하기
- 브라질 쪽을 바라보며 2초 동안 브라질 위치로 이동하기
- 호주 쪽을 바라보며 2초 동안 호주 위치로 이동하기
- 대한민국 쪽을 바라보며 2초 동안 대한민국 위치로 이동하기

❸ [시작하기]를 클릭한 후 3번 반복하여 프랑스, 캐나다, 브라질, 호주, 대한민국 등을 바라보며 이동하는지 확인합니다.

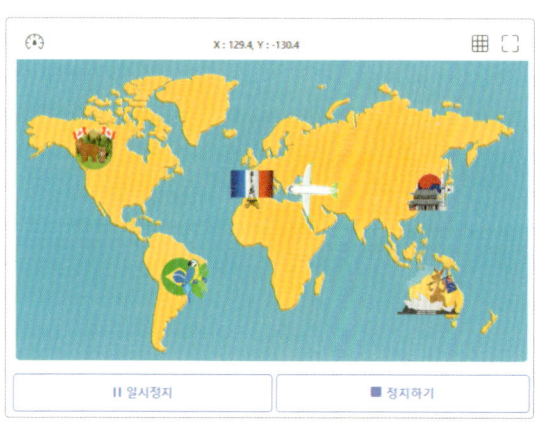

CHAPTER 11 문제 해결 미션 수행하기

 '도로운전' 작품을 열고 다음 조건에 따라 무대를 완성한 후 실행해 보세요.

- 시작하기 버튼을 클릭했을 때 3번 반복하여 다음 기능을 실행합니다.
  - 1지점 쪽을 바라보고 2초 동안 1지점 위치로 이동하기
  - 2지점 쪽을 바라보고 1초 동안 2지점 위치로 이동하기
  - 3지점 쪽을 바라보고 2초 동안 3지점 위치로 이동하기
  - 4지점 쪽을 바라보고 1초 동안 4지점 위치로 이동하기
  - 5지점 쪽을 바라보고 2.5초 동안 5지점 위치로 이동하기
  - 0지점 위치로 이동하기

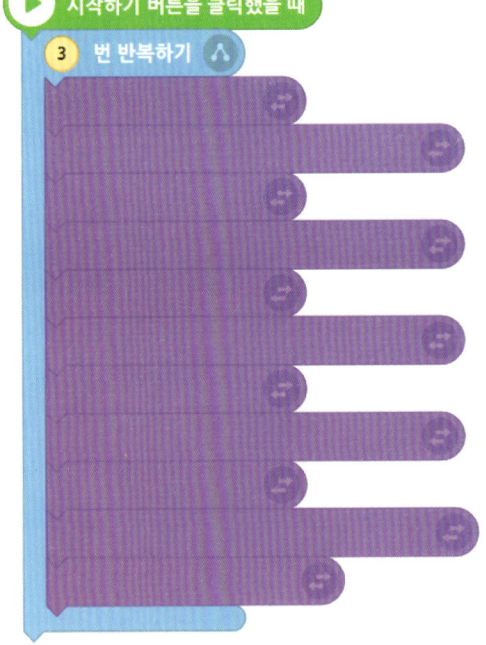

CHAPTER 12 창의 놀이

학습 목표

- 요일별 패턴을 인식하고 문제 해결 방법을 예측해 봅니다.

패턴 및 문제 해결 능력

요일별 옷입기

항상 옷차림에 신경쓰는 하음이는 오늘도 마음에 드는 옷을 고르느라 거울 앞에서 떠날줄을 모릅니다. 잘 살펴보면 하음이가 옷을 갈아입을 때에도 나름 규칙이 있다는걸 알 수 있습니다.

(월요일)  (화요일)  (수요일)

(목요일)  (금요일) 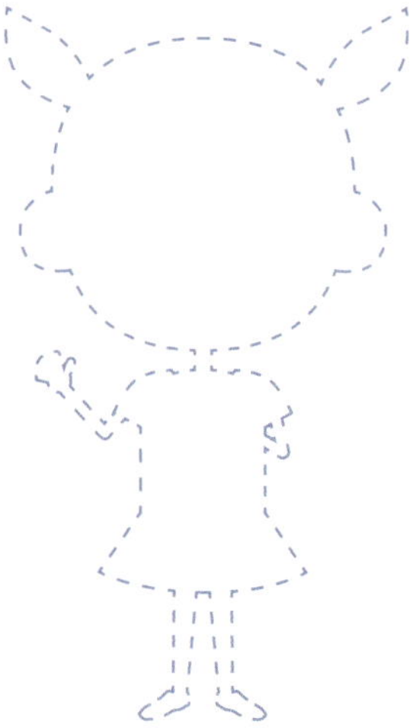 (토요일)

다음 그림을 통해 규칙을 알아 보세요.

01 토요일에 하음이가 입을 상의를 찾아 동그라미로 표시해 보세요.

02 토요일에 하음이가 입을 치마를 찾아 동그라미로 표시해 보세요.

03 토요일에 하음이가 신을 신발을 찾아 동그라미로 표시해 보세요.

Chapter 12 창의 놀이 • 75

Chapter 12 코딩 놀이

무작위 수를 이용한 주사위 놀이 만들기

학습목표
- 무작위 수에 대해 알아봅니다.
- 무작위 수를 이용한 주사위 놀이 방법에 대해 알아봅니다.

배울 내용 미리보기

즐거운 주사위 놀이

핵심놀이 [계산] 꾸러미의 `0 부터 10 사이의 무작위 수` 블록 알아보기

- 무작위 수란? 특별한 이유나 패턴 없이 선택되는 수를 의미합니다.
- 블록 안의 입력값 중 첫 번째 입력값 부터 두 번째 입력값 사이의 무작위 수를 표시할 때 사용합니다.
- 입력값이 자연수(정수)로 지정할 경우 무작위수도 자연수(정수)로 표시되고, 입력값이 소수일 경우 무작위 수도 소수(소수 둘째 자리까지)로 표시합니다.

무작위 수란 순서나 규칙이 없는 임의의 수로 난수라고도 한답니다.

▲ 주사위 오브젝트의 모양 번호로도 바꾸기 가능

01 오브젝트의 모양 숨기기 및 모양 보이기

❶ [주사위놀이] 작품을 오프라인에서 불러온 후 [주사위] 오브젝트의 [모양] 탭에서 모양을 확인합니다.

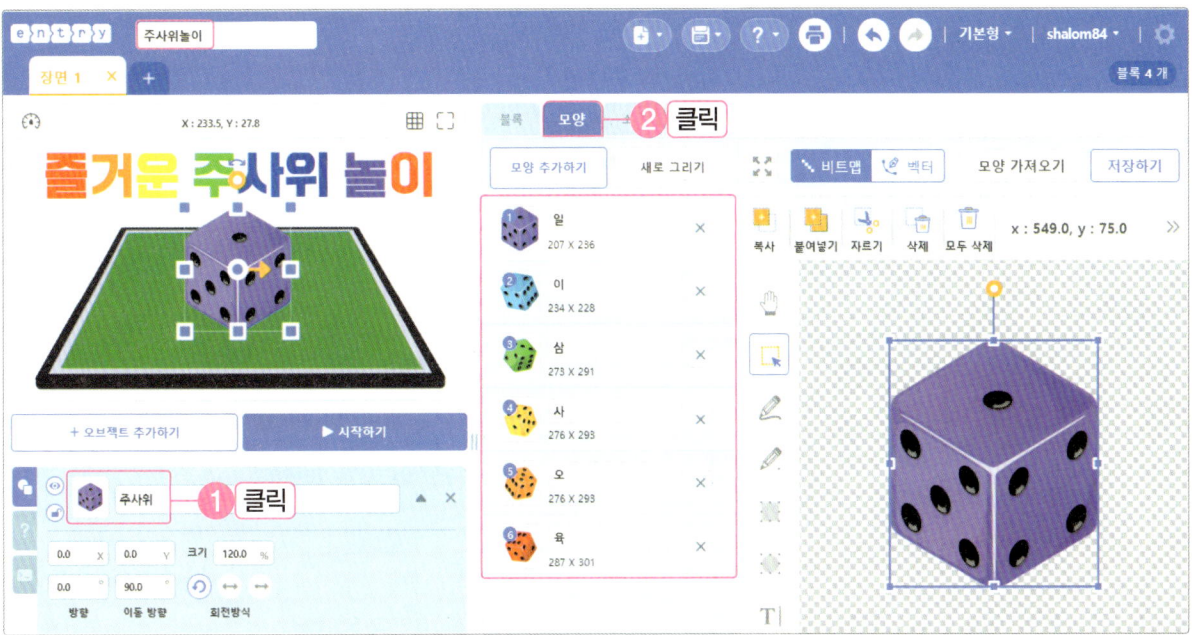

❷ [블록] 탭에서 [시작] 및 [생김새] 꾸러미를 이용하여 다음과 같이 블록을 연결합니다.

※ 시작하기 버튼을 클릭했을 때 모양을 숨깁니다.
　마우스를 클릭했을 때 모양을 보입니다.

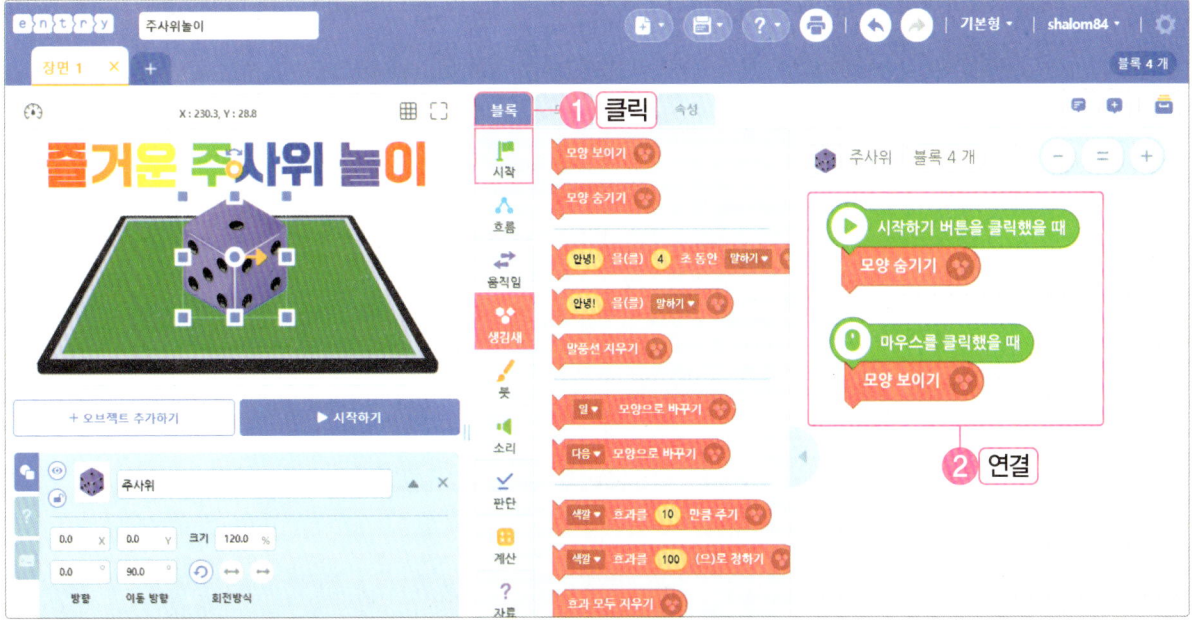

Chapter 12 무작위 수를 이용한 주사위 놀이 만들기 • 77

02 무작위 수 만큼 반복하여 임의의 주사위 번호 모양 나타내기

❶ [흐름] 꾸러미의 `10 번 반복하기` 블록을 블록 조립소의 `모양 보이기` 블록 아래에 연결합니다. [계산] 꾸러미의 `0 부터 10 사이의 무작위 수` 블록을 `10 번 반복하기` 블록 안에 끼워넣고 값(1, 50)을 수정합니다.

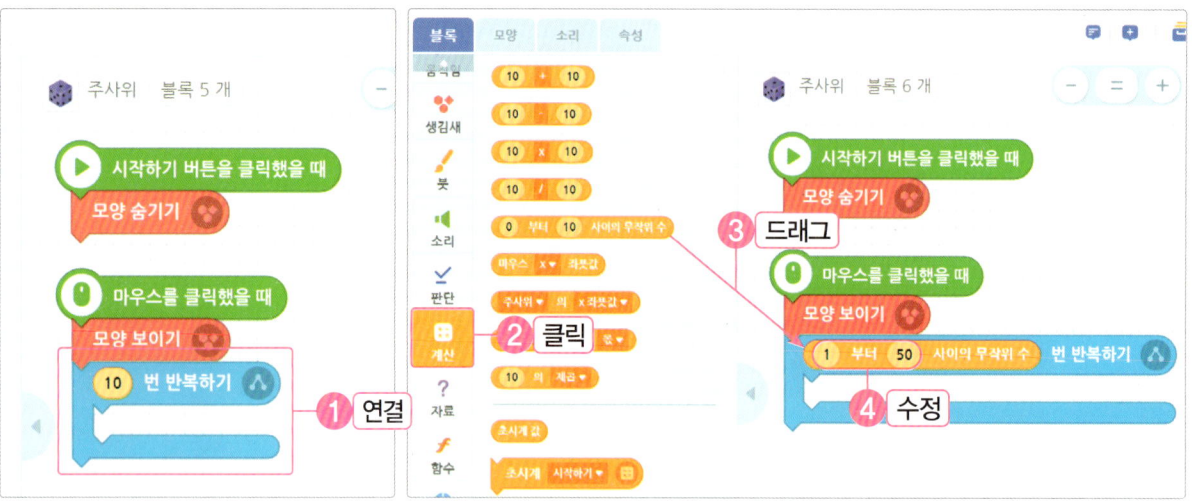

❷ [흐름] 및 [생김새] 꾸러미를 이용하여 다음과 같이 블록을 연결합니다.
   ※ 마우스를 클릭했을 때 모양을 보이고 1부터 50 사이의 무작위 수 만큼 아래 기능을 반복합니다.
   - 0.1초를 기다렸다가 다음 모양으로 바꾸기

❸ [시작하기]를 클릭 후 마우스를 클릭하여 무작위 수의 주사위 번호가 나오는지 확인합니다.

78 • 창의코딩놀이 **Lesson 2**

CHAPTER 12 문제 해결 미션 수행하기

미션 1 '미용실' 작품을 열고 다음 조건에 따라 무대를 완성한 후 실행해 보세요.

- 시작하기 버튼을 클릭했을 때 모양을 숨깁니다.
- 스페이스바를 눌렀을 때 다음 기능을 실행합니다.
  - 모양을 보이기
  - 1부터 50 사이의 무작위 수 만큼 반복하여 0.1초 기다렸다가 다음 모양으로 바꾸기

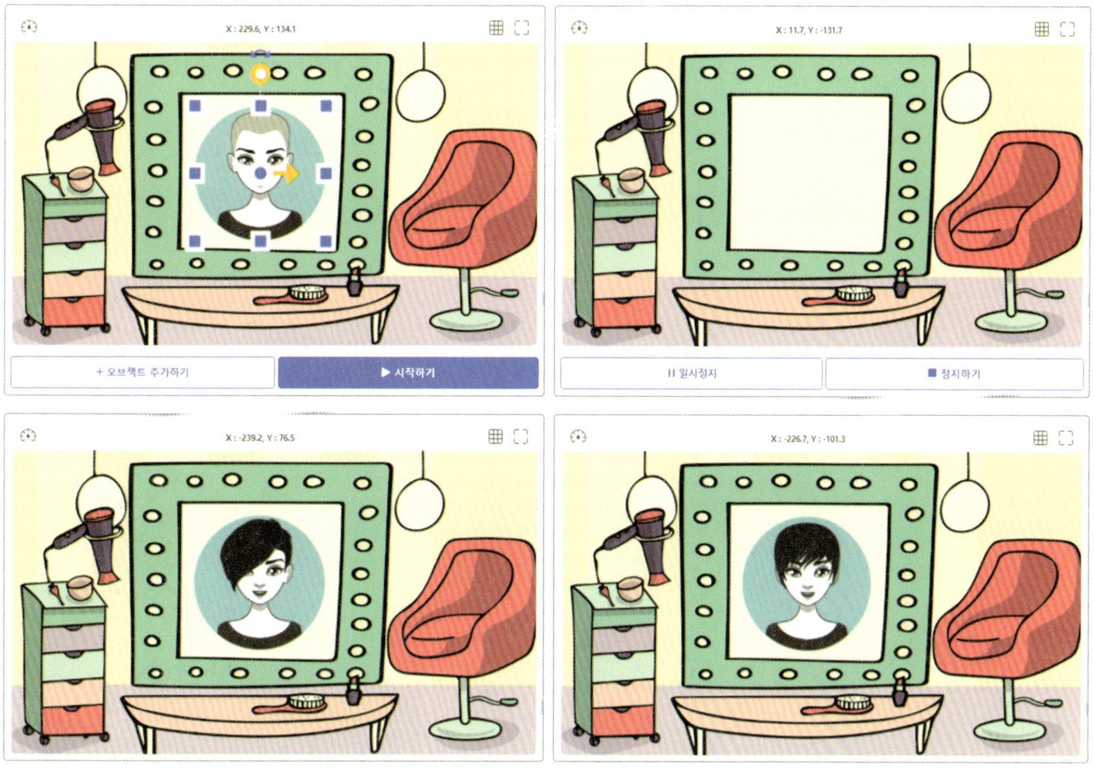

Chapter 12 무작위 수를 이용한 주사위 놀이 만들기 • 79

CHAPTER

13 창의 놀이

학습 목표

• 사물의 변화를 관찰하고 유사점과 차이점을 파악해 봅니다.

관찰 및 비교 분석

틀린 그림 찾기

두 개의 그림 사이에 서로 다른 차이점을 찾아보려고 해요.

01 틀린 부분이 5개 있다고 하는데 우리 친구들은 찾을 수 있을까요?
틀린 부분에 동그라미를 그려보세요.

80 • 창의코딩놀이 **Lesson 2**

02 곰돌이 친구가 비행기를 타고 하늘을 날아가네요.
그런데 두 개의 그림에는 서로 다른 부분이 5개가 있어요.
어느 부분이 다를까요? 틀린 부분에 동그라미를 그려보세요.

03 곰돌이 친구가 이번에는 바다에서 배를 타고 있어요.
이번에는 서로 다른 부분이 10개나 된다고 해요. 함께 찾아볼까요? ^^

Chapter 13 놀이 자유롭게 움직이는 열기구와 꽃게 만들기

학습목표
- 무작위 수 및 좌표 블록을 이용한 오브젝트의 이동 방법에 대해 알아봅니다.
- 특정 지역 안에서만 움직이는 오브젝트를 만들어 봅니다.

배울 내용 미리보기

핵심놀이 : 무작위 수 및 좌표 블록을 이용하여 오브젝트 이동 알아보기

- 모든 좌표를 이용한 블록의 x위치 및 y위치 등에 `0 부터 10 사이의 무작위 수` 블록을 사용하면 오브젝트가 무작위 수 지정 범위 안에서 자유롭게 이동하도록 코딩할 수 있습니다.
- 좌표를 이용한 블록은 모두 [움직임] 꾸러미 안에 포함되어 있습니다.

`x: -100 부터 100 사이의 무작위 수  y: 0 위치로 이동하기` ◀ 참고 : 공움직이기.ent

- 공이 x좌표를 -100 ~ 100 사이의 위치로 이동합니다.

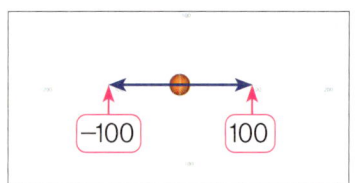 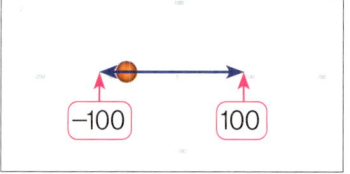 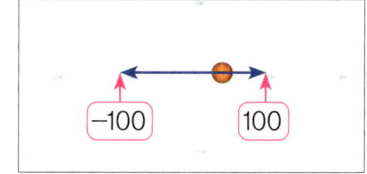

▲ 블록이 실행될 때마다 공이 무대의 X좌표 위치(-100 ~ 100) 안에서 이동

01 꽃게의 좌우 이동 만들기

❶ [자연배경] 작품을 불러온 후 [꽃게] 오브젝트의 [모양] 탭에서 모양을 확인합니다.

❷ [꽃게] 오브젝트의 [블록] 탭에서 [시작] 및 [흐름], [생김새] 꾸러미를 이용하여 다음과 같이 블록을 연결합니다.
※ 시작하기 버튼을 클릭했을 때 계속 반복하여 0.5초를 기다린 후 다음 모양으로 바꿉니다.

❸ [시작] 및 [흐름], [움직임], [계산] 꾸러미를 이용하여 다음과 같이 블록을 연결합니다.
※ 시작하기 버튼을 클릭했을 계속 반복하여 다음 기능을 실행합니다.
 - 2초 동안 x좌표를 -130 부터 130 사이의 무작위 수 위치로, y좌표를 -110 위치로 이동하기

02 열기구의 무작위 위치 이동 만들기

❶ [열기구] 오브젝트의 [블록] 탭에서 [시작] 및 [흐름], [움직임] 꾸러미를 이용하여 다음과 같이 연결합니다.

❷ [계산] 꾸러미의 `0 부터 10 사이의 무작위 수` 블록을 이용하여 다음과 같이 끼워 넣고 수정합니다.
 ※ 시작하기 버튼을 클릭했을 계속 반복하여 다음 기능을 실행합니다.
  - 1 부터 5 사이의 무작위 초 동안 x좌표를 -200 부터 200 사이의 무작위 수 위치로, y좌표를 50 부터 130 사이의 무작위 수 위치로 이동하기

❸ [시작하기]를 클릭 후 열기구와 꽃게의 움직임을 확인합니다.

CHAPTER 13 문제 해결 미션 수행하기

미션 1 '아이스하키' 작품을 열고 다음 조건에 따라 무대를 완성한 후 실행해 보세요.

- 시작하기 버튼을 클릭했을 때 계속 반복하여 다음 기능을 실행합니다.
  - 0.5 부터 2 사이의 무작위 수 초 동안 x좌표를 -200 부터 200 사이의 무작위 수 위치로, y좌표를 -80 부터 -20 사이의 무작위 수 위치로 이동하기

- 시작하기 버튼을 클릭했을 때 계속 반복하여 다음 기능을 실행합니다.
  - 0.5초 동안 x좌표를 -80 부터 80 사이의 무작위 수 위치로, y좌표를 5 위치로 이동하기

시작하기 버튼을 클릭했을 때
계속 반복하기

시작하기 버튼을 클릭했을 때
계속 반복하기

CHAPTER 14 창의 놀이

> **학습 목표**
> - 논리적 사고력과 정확한 결과를 위한 디버깅 방법을 알아봅니다.

논리적 사고 및 디버깅

바구니에 케익 넣기

소풍을 떠나기 위해 시온이는 케익 바구니를 준비하려 합니다.
3가지 종류의 케이크를 넣어 가려고 하는데 바구니 안에 같은 종류의 케익을 가로 또는 세로 위치에 중복해서 넣으면 망가진다고 합니다.

01 3줄 3칸의 칸막이 안에 같은 종류의 케익이 가로/세로 모두 섞이지 않도록 넣어 보세요.

딸기케익

초코케익

조각케익

바구니에 케익 넣기

02 3줄 3칸의 칸막이 안에 같은 종류의 케익이 가로/세로 모두 섞이지 않도록 넣어보세요.

| 컵케익 | 녹차케익 | 크림케익 |

Chapter 14 창의 놀이 • 87

Chapter 14 코딩 놀이  자유롭게 움직이는 무당벌레 만들기

학습목표

- 이동 속도를 무작위 속도로 지정하는 방법에 대해 알아봅니다.
- 방향을 무작위 방향으로 지정하는 방법에 대해 알아봅니다.

배울 내용 미리보기

핵심놀이 방향 및 이동의 무작위 수 지정 알아보기

- `이동 방향을 0° (으)로 정하기` : 이동 방향을 0°으로 정합니다.
- `방향을 -30 부터 30 사이의 무작위 수 만큼 회전하기` : 방향을 -30 부터 30 사이의 무작위 수 만큼 회전합니다.
- `이동 방향으로 1 부터 5 사이의 무작위 수 만큼 움직이기` : 이동 방향으로 1 부터 5 사이의 무작위 수 만큼 움직입니다.

01 무대 안에서 자유롭게 움직이는 무당벌레 만들기

❶ [무당벌레] 작품을 오프라인에서 불러온 후 [무당벌레1] 오브젝트의 [모양] 탭에서 모양을 확인합니다.

❷ [블록] 탭에서 [시작] 및 [움직임] 꾸러미를 이용하여 다음과 같이 블록을 연결합니다.
　※ 시작하기 버튼을 클릭했을 때 이동 방향을 0°으로 정합니다.

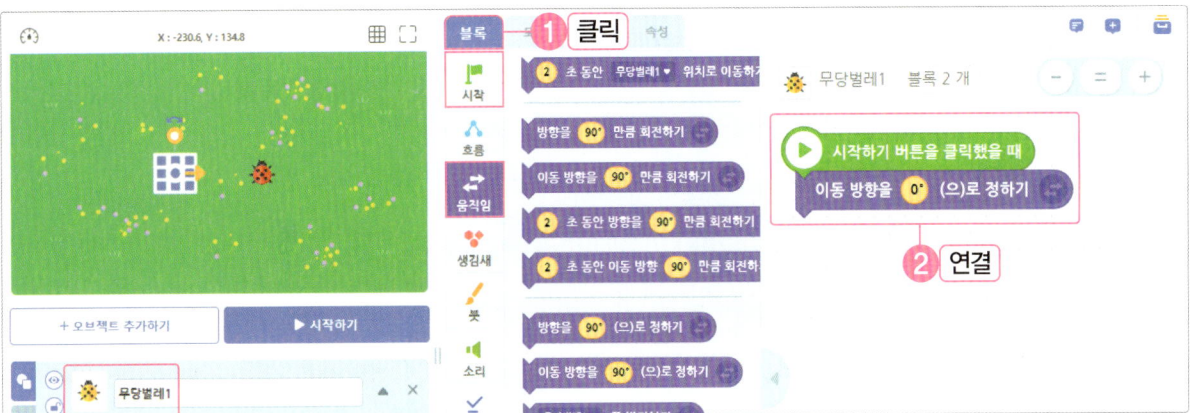

❸ [흐름] 및 [생김새] 꾸러미를 이용하여 다음과 같이 블록을 추가 연결합니다.
　※ 계속 반복하여 0.1초를 기다렸다가 무당벌레의 모양을 다음 모양으로 바꿉니다.

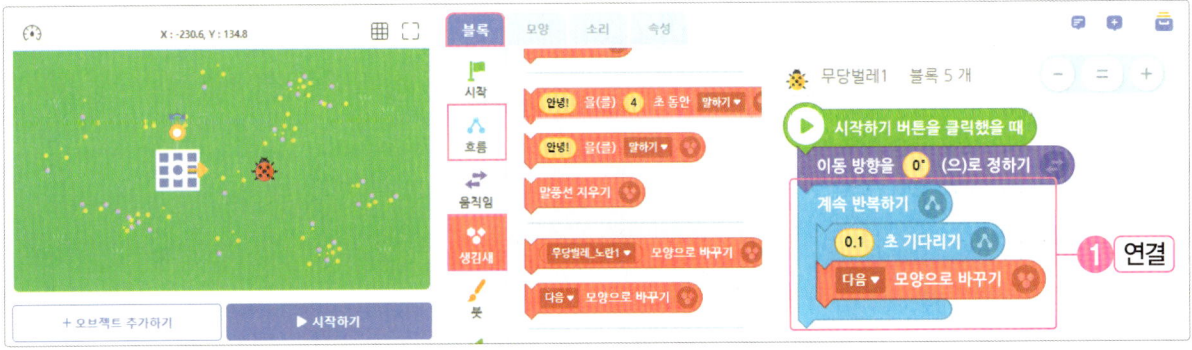

❹ [흐름] 및 [생김새] 꾸러미를 이용하여 다음과 같이 블록을 추가 연결합니다.
　※ 이동 방향으로 5 부터 10 사이의 무작위 수 만큼 이동합니다.
　　화면 끝에 닿으면 튕깁니다.
　　방향을 -20 부터 20 사이의 무작위 수 만큼 회전합니다.

02 오브젝트의 코드 복사하기 및 붙여넣기

❶ [무당벌레1] 오브젝트의 완성된 코드 가장 위쪽 블록에서 바로 가기 메뉴의 [코드 복사하기]를 선택합니다.

❷ [무당벌레2] 오브젝트를 클릭하여 이동 후 블록 조립소에서 바로 가기 메뉴의 [붙여넣기]를 선택하여 복사한 코드를 붙여넣습니다.

❸ [시작하기]를 클릭 후 무당벌레들이 무대 안에서 자유롭게 움직이는지 확인합니다.

CHAPTER 14 문제 해결 미션 수행하기

미션 1 '꽃과나비' 작품을 열고 다음 조건에 따라 무대를 완성한 후 실행해 보세요.

회전방식 : 회전없음(↔)

- 시작하기 버튼을 클릭했을 때 이동 방향을 0°으로 정하고 계속 반복하여 다음 기능을 실행합니다.
  - 0.1초 기다린 후 다음 모양으로 바꾸기
  - 이동 방향으로 5 부터 10 사이의 무작위 수 만큼 움직이기
  - 화면 끝에 닿으면 튕기기
  - 이동 방향을 -20 부터 20 사이의 무작위 수 만큼 회전하기

회전방식 : 회전없음(↔)

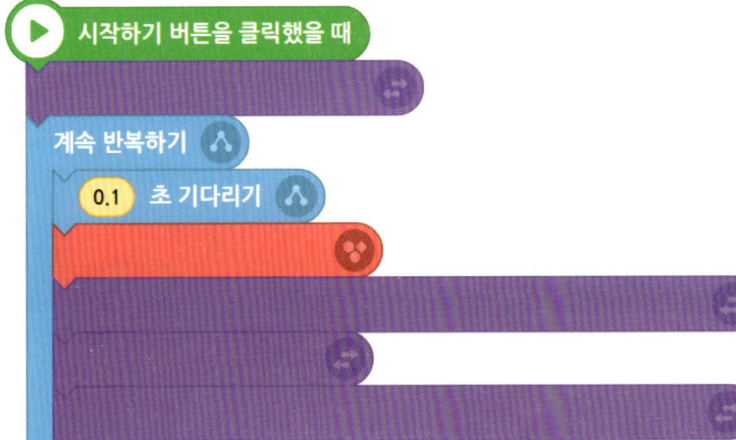

Chapter 14 자유롭게 움직이는 무당벌레 만들기 • 91

CHAPTER 15 창의 놀이

학습 목표

- 용돈의 수입 및 지출 내역을 기록하며 수학적 사고를 높입니다.

수학적 사고 및 분석

용돈 사용 기록하기

시온이는 매달 부모님이 주시는 20,000원의 용돈을 필요한 곳에 사용하고 남은 금액을 꼭 저금통에 넣었습니다. 그런데 요즘 저금통에 넣어 놓은 금액이 많이 줄어든 것 같아 매달 사용 금액이 어떻게 되는지 기록하기로 하고 사용 금액을 적어 보았습니다.

시온이의 월별 용돈 사용 금액

누적된 저금액 : 35,400원
5월 사용 금액 : 13,000원
6월 사용 금액 : 16,500원
7월 사용 금액 : 17,600원

01 5월 / 6월 / 7월 사용 금액을 기록해 보세요.

02 시온이가 5월에 받은 용돈에서 사용 금액을 제외한 나머지 금액은 얼마일까요?

03 시온이가 8월 용돈을 받기 전 저금통에 누적된 금액은 얼마일까요?

Chapter 15  크리스마스 캐롤 음악 재생하기

##

- 소리 파일의 추가 방법에 대해 알아봅니다.
- 소리와 관련된 블록의 사용 방법에 대해 알아봅니다.

 배울 내용 미리보기

핵심놀이 소리 추가 및 소리 재생 블록 살펴보기

- [소리] 탭에서 [소리 추가]를 클릭 후 목록에서 원하는 소리를 선택한 다음 [추가하기]를 클릭합니다.

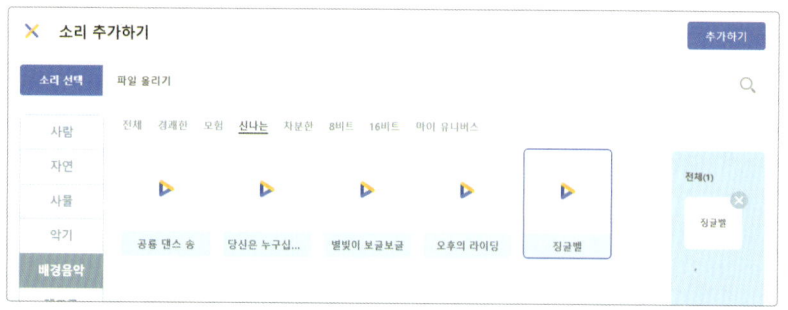
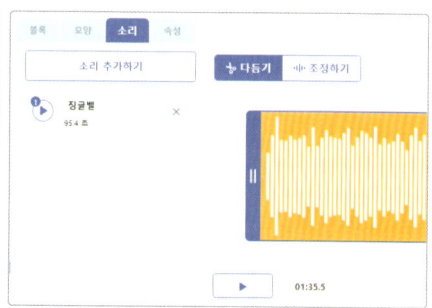

- 소리 (징글벨 ▼) 재생하기 : 선택한 소리를 재생하면서 다음 블록을 실행합니다.
- 소리 (징글벨 ▼) 재생하고 기다리기 : 선택한 소리를 재생 후 끝나면 다음 블록을 실행합니다.
- (징글벨 ▼) 을(를) 배경음악으로 재생하기 : 선택한 소리를 배경음악으로 재생하면서 다음 블록을 실행합니다.
- 배경음악 멈추기 : 재생하는 배경음악을 멈춥니다.

01 벽난로 배경의 반복하여 모양 바꾸기

❶ [성탄절] 작품을 오프라인에서 불러온 후 [벽난로] 오브젝트의 [모양] 탭에서 모양을 확인합니다.

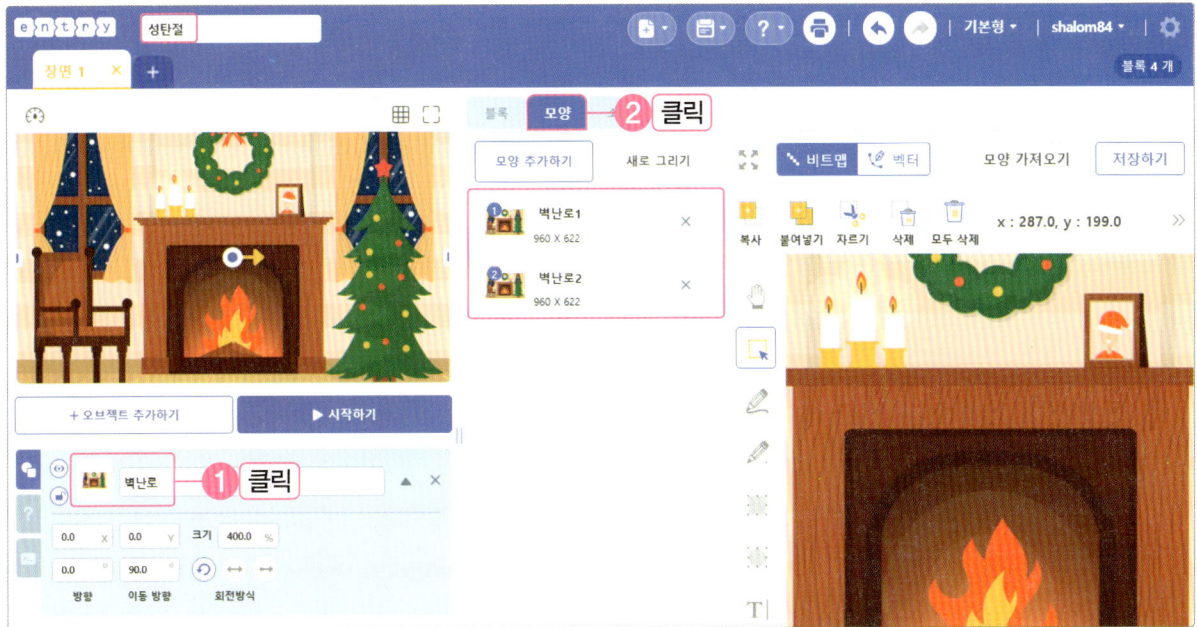

❷ [블록] 탭에서 [시작] 및 [흐름], [생김새] 꾸러미를 이용하여 다음과 같이 블록을 연결합니다.
    ※ 시작하기 버튼을 클릭했을 때 계속 반복하여 다음 기능을 실행합니다.
       - 0.5초를 기다린 후 다음 모양으로 바꾸기

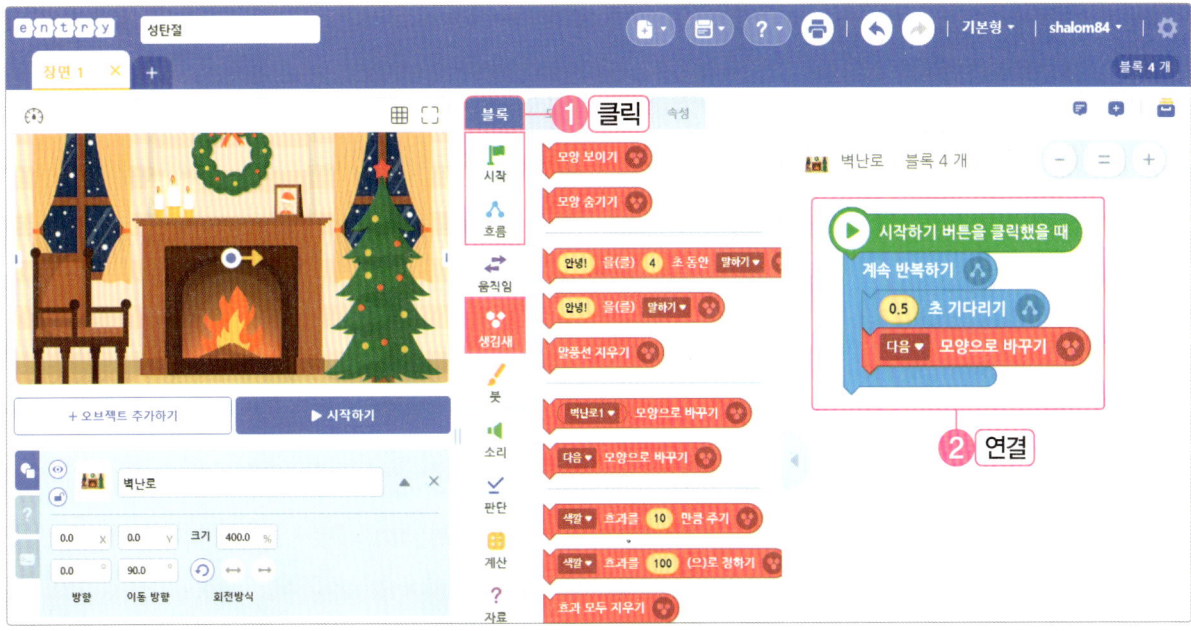

Chapter 15 크리스마스 캐롤 음악 재생하기 • 95

02 소리 추가하고 재생 블록으로 연결하기

❶ [벽난로] 오브젝트의 [소리] 탭에서 [소리 추가하기]를 클릭합니다.

❷ 소리 추가하기 화면의 [소리 선택]이 표시되면 [배경음악] 탭의 [신나는]을 클릭 후 [징글벨]을 선택한 다음 [추가하기]를 클릭합니다.

❸ [소리] 탭에 선택한 소리가 추가되면 [블록] 탭을 클릭하여 이동 후 [시작] 및 [흐름], [소리] 꾸러미를 이용하여 다음과 같이 블록을 연결합니다.

※ 시작하기 버튼을 클릭했을 때 계속 반복하여 '징글벨' 소리를 재생하고 기다립니다.

❹ [시작하기]를 클릭 후 무대의 결과를 확인합니다.

CHAPTER 15 문제 해결 미션 수행하기

 '스피커' 작품을 열고 소리막대를 다음 조건에 따라 무대를 완성한 후 실행해 보세요.

- 시작하기 버튼을 클릭했을 때 계속 반복하여 다음 기능을 실행합니다.
  – 0.1 초 기다린 후 다음 모양으로 바꾸기

- 시작하기 버튼을 클릭했을 때 계속 반복하여 다음 기능을 실행합니다.
  – 소리 '숲 속 학교' 소리 파일을 재생하고 기다리기

※ '숲 속 학교' 소리 파일 경로 : [배경음악] 탭 – [경쾌한] 항목

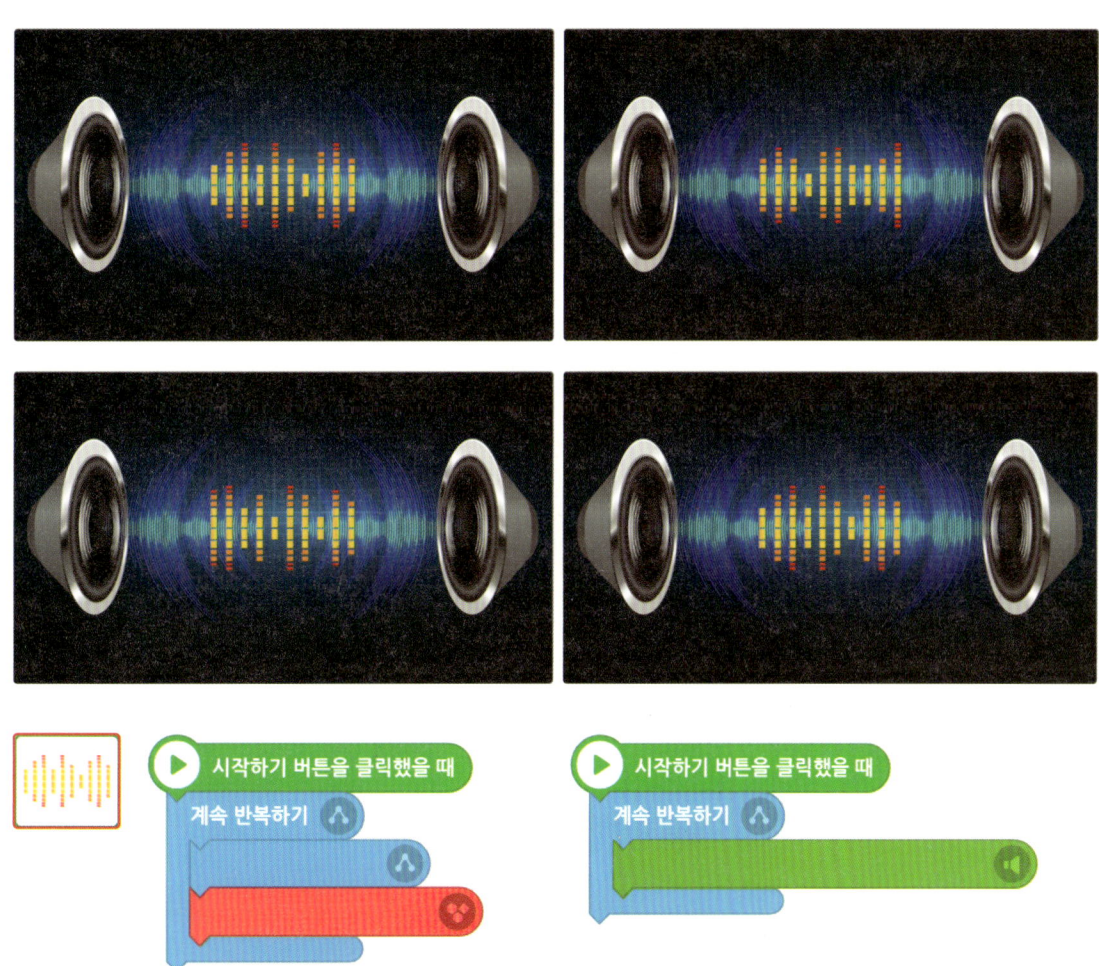

CHAPTER 16 창의 놀이

학습 목표

- 표 안의 그림 구조를 분석하고 필요한 조각을 찾아 넣는 방법을 배웁니다.

추상화

퍼즐 놀이 게임

01 위쪽 퍼즐판을 만들기 위해 필요한 그림 조각 중에서 사용할 수 있는 조각이 아닌 것을 찾아보세요.

02 왼쪽 그림을 만들기 위해 오른쪽 그림 조각 중에서 사용할 수 있는 조각을 찾아보세요.

03 왼쪽 그림을 만들기 위해 오른쪽 그림 조각 중에서 사용할 수 없는 조각을 찾아보세요.

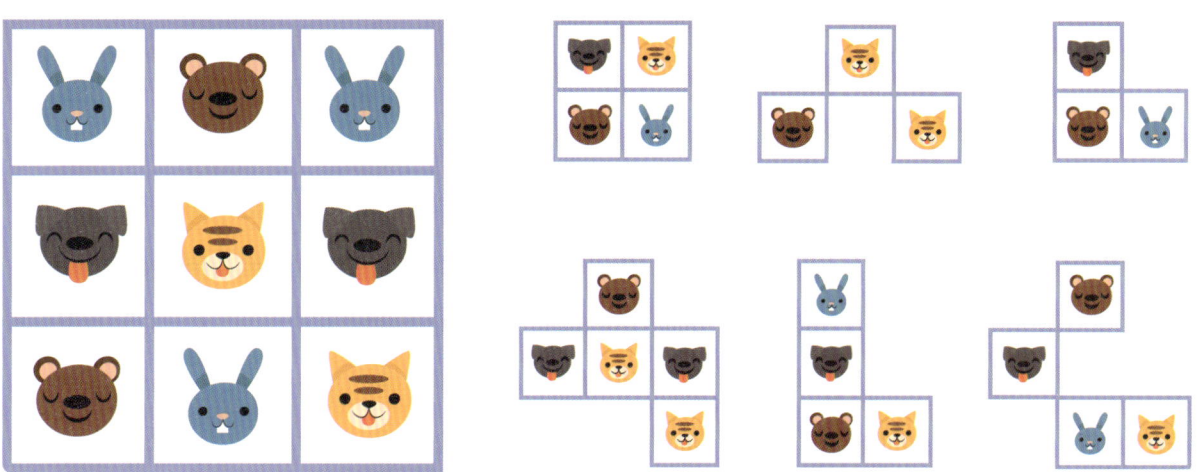

Chapter 16 코딩 놀이 — 그림판 만들어 그림 그리기

학습목표
- 조건 선택이란 무엇인지 알아봅니다.
- 조건 선택 블록의 사용 방법에 대해 알아봅니다.

배울 내용 미리보기

핵심놀이 조건 선택 알고리즘 알아보기

- 조건 선택은 블록을 이용하여 질문을 한 다음 질문 내용에 따라 결정을 선택하도록 도와줄 때 사용합니다.

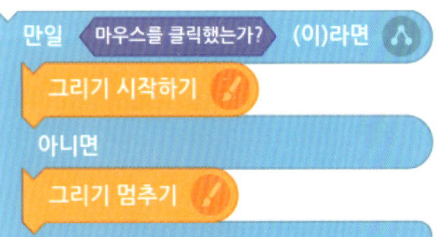 : 만일 마우스를 클릭했다면 그리기를 시작하고 그렇지 않으면 그리기를 멈춥니다.

 : 만일 키보드의 Esc를 눌렀다면 모든 붓으로 그린 그림을 지웁니다.

01 그리기 색 및 굵기의 초기값 설정과 마우스를 따라다니는 연필 만들기

❶ [색칠하기] 작품을 오프라인에서 불러온 후 [연필] 오브젝트를 선택합니다. 무대에 표시된 연필 오브젝트의 중심점이 연필 촉 끝부분을 가리키고 있는지 확인합니다.

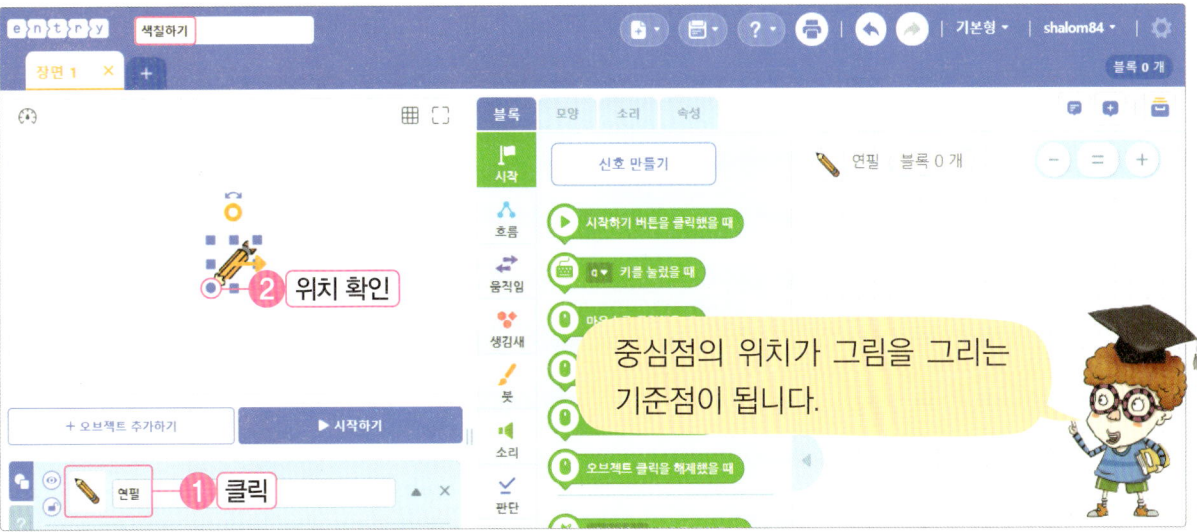

❷ [블록] 탭의 [시작] 및 [흐름], [움직임], [붓] 꾸러미를 이용하여 다음과 같이 블록을 연결합니다.
  ※ 시작하기 버튼을 클릭했을 때 다음 기능을 실행합니다.
   - 그리기 색을 '검정색'으로 정하고 그리기 굵기를 '5'로 정하기
   - 계속 반복하여 마우스 포인터 위치로 이동하기

Chapter 16 그림판 만들어 그림 그리기 • 101

02 질문에 대한 조건 선택 만들기

❶ [연필] 오브젝트의 [블록] 탭에서 [흐름] 및 [붓], [판단] 꾸러미를 이용하여 블록을 추가합니다.
   ※ 만일 마우스를 클릭했다면 그리기를 시작하고 그렇지 않으면 그리기를 멈춥니다.

❷ 같은 방법으로 [흐름] 및 [붓], [판단] 꾸러미를 이용하여 다음과 같이 블록을 추가합니다.
   ※ 만일 키보드의 Esc 를 눌렀다면 붓으로 그린 그림을 모두 지웁니다.

❸ [시작하기]를 클릭 후 마우스를 클릭 후 드래그하여 그림을 그려보고 무대에 그린 그림을 키보드의 Esc 를 눌러 모두 지워봅니다.

CHAPTER 16 문제 해결 미션 수행하기

 '길찾기' 작품을 열고 배경을 다음 조건에 따라 무대를 완성한 후 실행해 보세요.

- 시작하기 버튼을 클릭했을 때 계속 반복하여 다음 기능을 실행합니다.
  - 미로1 모양으로 바꾸기
  - 만일 스페이스키를 눌렀다면 미로2 모양으로 바꾸고 2초 기다리기

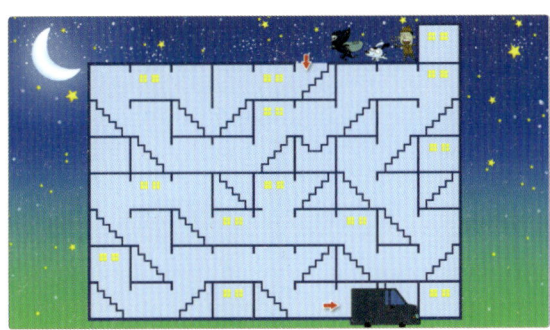 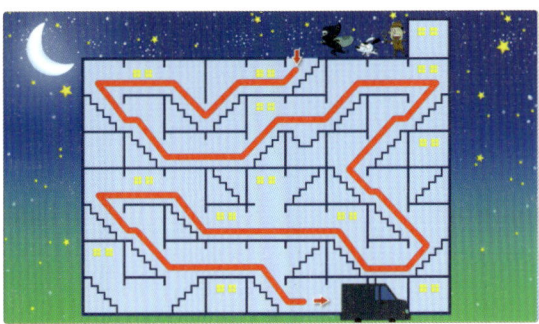

CHAPTER 17 창의 놀이

> **학습 목표**
> • 창의력과 사고력을 높여주는 문제를 풀어보며 해결 방법을 알아봅니다.
>
> **창의적 사고 능력**

창의력 문제풀이

01 주차장에 아빠가 차를 주차해 놓았습니다. 아빠차가 주차된 곳의 숫자는 무엇일까요?

| 16 | 06 | 68 | 88 | | 98 |

02 네모 상자에 들어갈 숫자는 무엇일까요?

3859 = 3   1543 = 0
2707 = 1   8988 = 7
0000 = 4   4629 = 2
5664 = 2   6020 = ☐

힌트 : 동그라미~ 동그라미~ 동그라미~^^

03 어느 차가 먼저 양보해야 교통정체가 빨리 풀릴까요?

04 색칠한 부분이 나타내는 분수가 다른 것은 어느 것일까요?

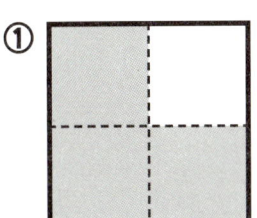
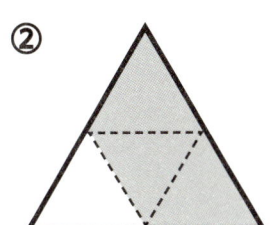
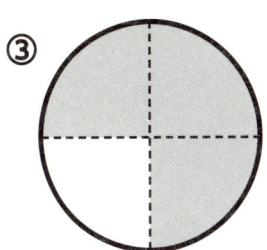

Chapter 17 창의 놀이 • 105

Chapter 17 코딩 놀이 — 로봇 청소기 만들기

학습목표
- 특정 오브젝트에 닿았을 경우의 조건 선택에 대해 알아봅니다.
- 조건 선택에 따른 임의의 좌표로 이동하는 방법을 알아봅니다.

배울 내용 미리보기

핵심놀이 청소기에 닿았을 때 무대 안에서 임의의 위치로 이동하기

▲ 만일 청소기에 닿았다면 x좌표를 –200 부터 200 사이의 무작위 수 위치로, y좌표를 –110 부터 110 사이의 무작위 수 위치로 이동합니다.

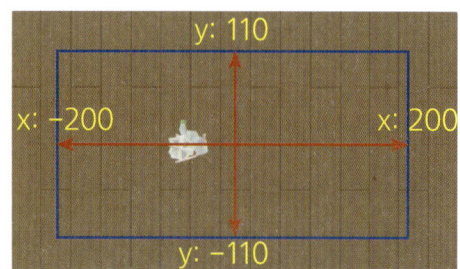

01 청소기에 닿았을 때 잠시 숨겼다가 임의의 위치로 이동하여 보이기

❶ [청소] 작품을 오프라인에서 불러온 후 [쓰레기] 오브젝트의 [블록] 탭에서 다음과 같이 블록을 연결합니다.　※ 시작하기 버튼을 클릭했을 때 계속 반복하여 모양을 보입니다.

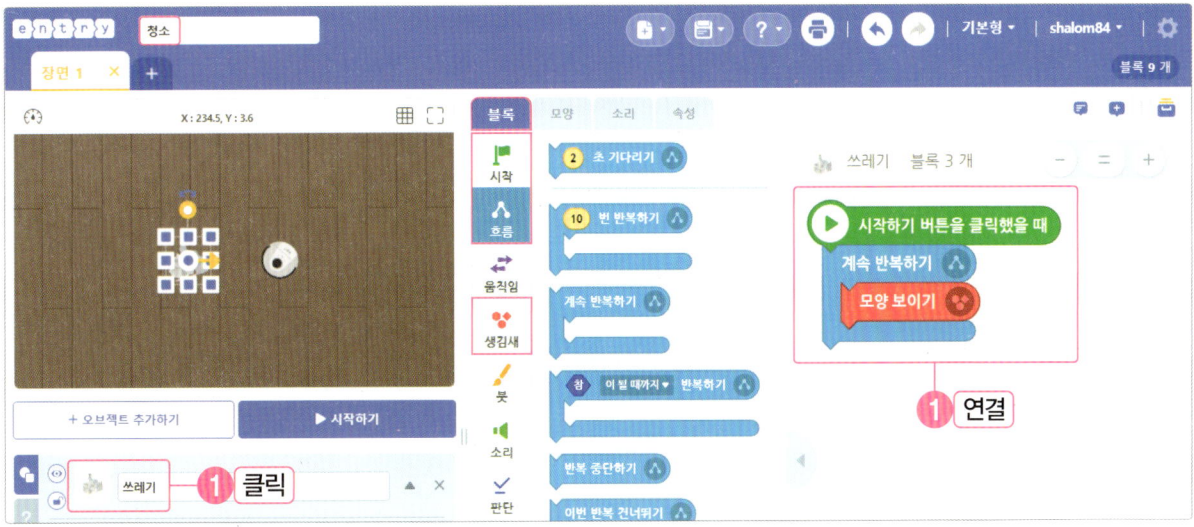

❷ [흐름] 및 [움직임], [생김새], [계산] 꾸러미를 이용하여 다음과 같이 블록을 끼워 연결합니다.
　※ 만일 청소기에 닿았다면 모양을 숨기고 x좌표를 −200 부터 200 사이의 무작위 수 위치로, y좌표를 −110 부터 110 사이의 무작위 수 위치로 이동한 후 1초 기다립니다.

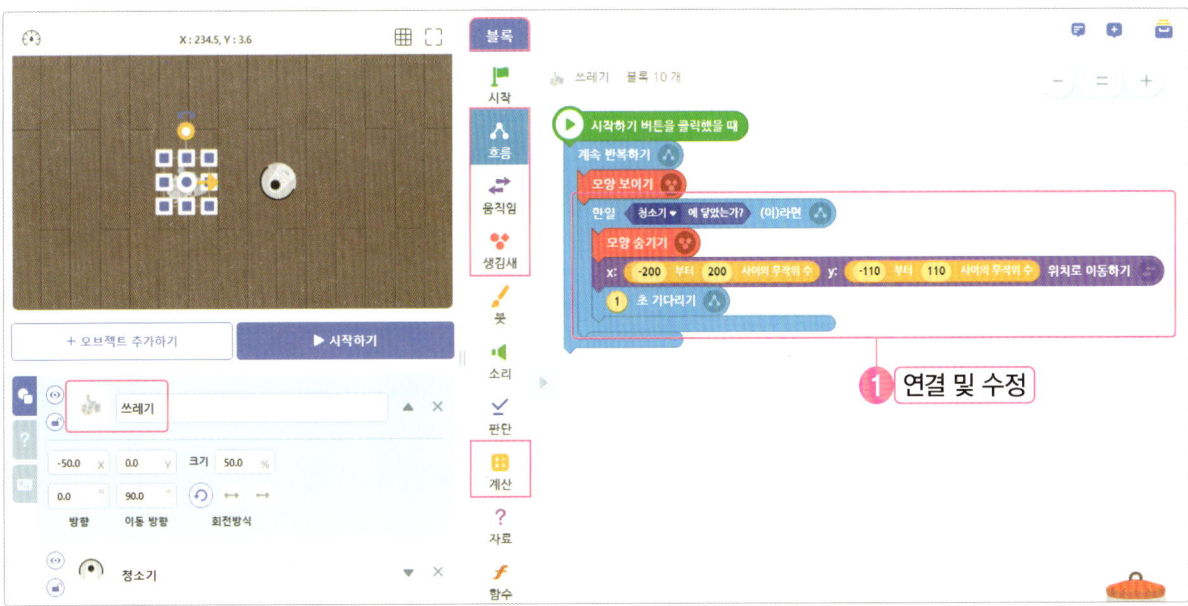

쓰레기 오브젝트를 복제하여 무대의 임의의 위치에 배치, 쓰레기가 많아지면 더 재미있는 놀이가 된답니다~^^

02 청소기의 이동 만들기

❶ [청소기] 오브젝트의 [블록] 탭에서 [시작] 및 [흐름], [움직임], [계산] 꾸러미를 이용하여 다음과 같이 블록을 연결한 후 [시작하기]를 클릭합니다.

※ 시작하기 버튼을 클릭했을 때 계속 반복하여 다음 기능을 실행합니다.
 – 이동 방향으로 2만큼 움직이고 화면 끝에 닿으면 튕기기
 – 이동 방향을 –1 부터 1 사이의 무작위 수 만큼 회전하기

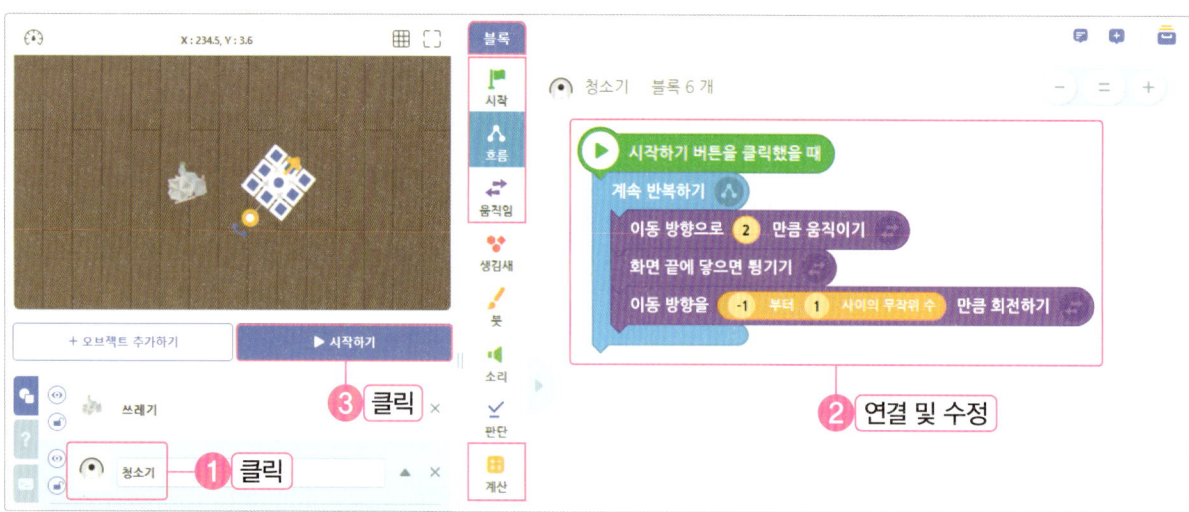

❷ 무대에서 결과를 확인합니다.

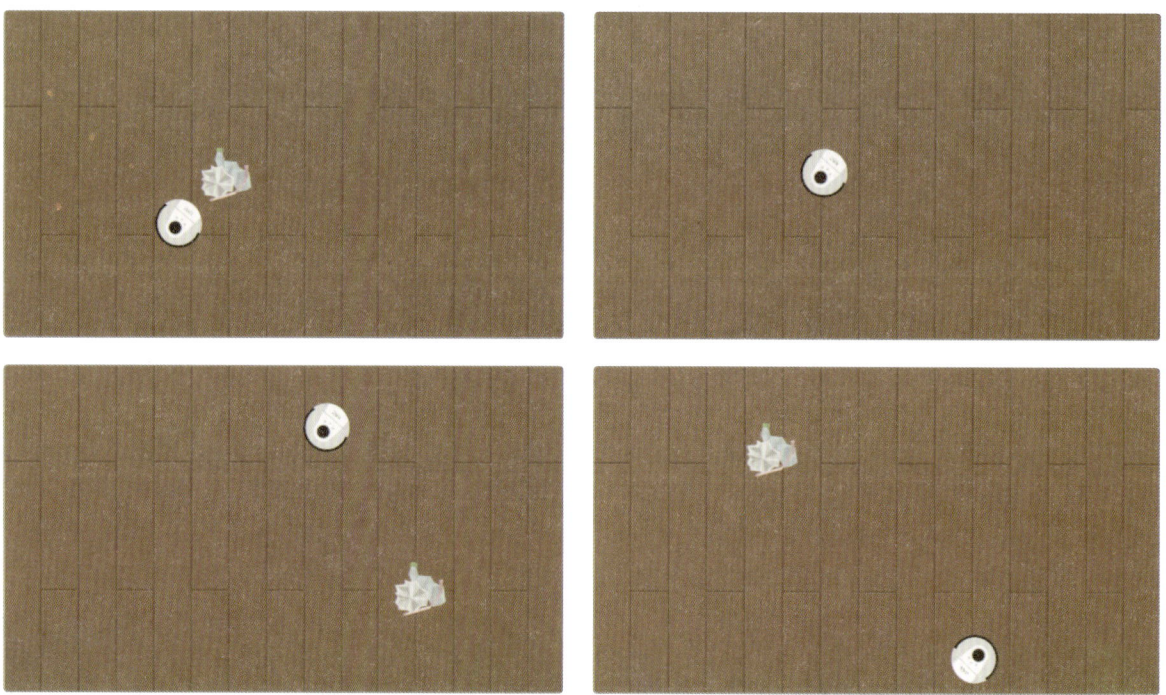

CHAPTER 17 문제 해결 미션 수행하기

 '공사중' 작품을 열고 기계와 돌멩이를 다음 조건에 따라 완성한 후 실행해 보세요.

- 시작하기 버튼을 클릭했을 때 계속 반복하여 다음 기능을 실행합니다.
  - 방향을 -1 부터 1 사이의 무작위 수 만큼 회전하기
  - 이동 방향으로 2만큼 움직인 후 화면 끝에 닿으면 튕기기

- 시작하기 버튼을 클릭했을 때 계속 반복하여 다음 기능을 실행합니다.
  - 모양 보이기
  - 만일 기계에 닿았다면 모양 숨기고 x좌표를 -200 부터 200 사이의 무작위 수 위치로, y좌표를 -110 부터 110 사이의 무작위 수 위치로 이동한 후 1초 기다리기

CHAPTER 18 창의 놀이

학습 목표

- 반복되는 규칙의 패턴을 인식하고 문제의 해결 방법을 알아봅니다.   **패턴 인식 및 규칙 찾기**

규칙 찾아내기

오늘은 탐정이 되어 패턴과 그 뒤에 숨은 규칙을 찾아 볼거에요.

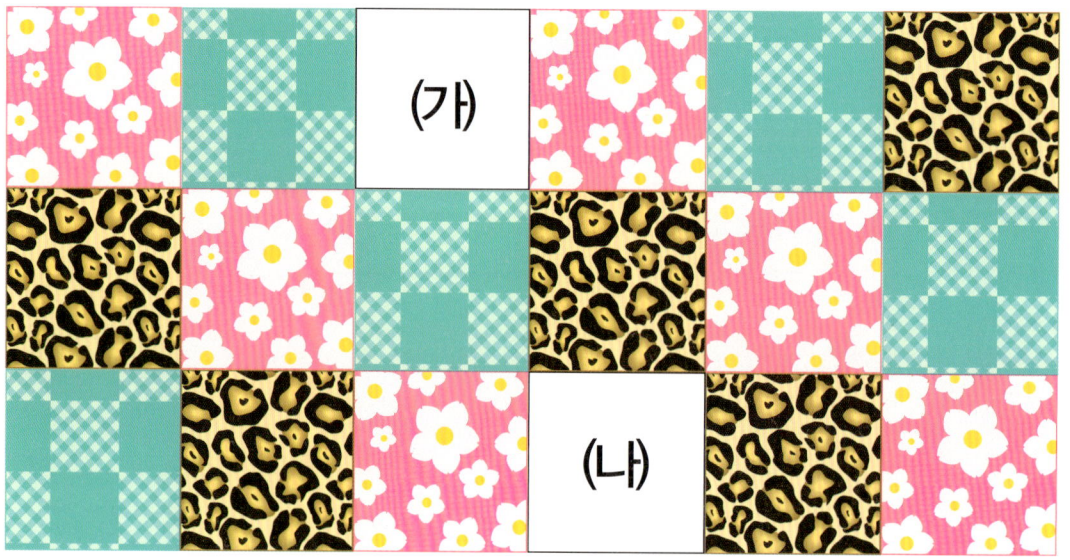

01 위쪽 패턴 그림에서 (가)에 들어갈 수 있는 그림은 무엇일까요?

  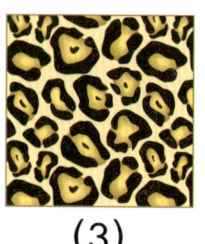

　　(1)　　　　　　　　(2)　　　　　　　　(3)

02 위쪽 패턴 그림에서 (나)에 들어갈 수 있는 그림은 무엇일까요?

  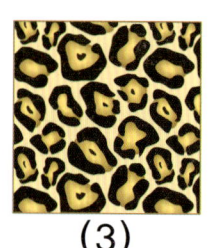

　　(1)　　　　　　　　(2)　　　　　　　　(3)

아래 그림을 보고 네모(□) 안에 나올 수 패턴 그림을 찾아보세요.

03 위쪽 패턴 그림에서 (가)에 들어갈 수 있는 그림은 무엇일까요?

(1)   (2)   (3)

04 위쪽 패턴 그림에서 (나)에 들어갈 수 있는 그림은 무엇일까요?

(1)   (2)   (3)

Chapter 18 코딩 놀이

쥐를 잡자~ 쥐를 잡자~ 찍찍찍~!

학습목표

- 조건의 결과가 참이 되기 전까지 반복하기 블록의 사용 방법을 알아봅니다.
- 조건의 결과가 참인 동안 반복하기 블록의 사용 방법을 알아봅니다.

핵심놀이 조건의 결과가 참이 되기 전까지 반복과 조건의 결과가 참인 동안 반복하기

[쥐▼ 에 닿았는가? 이 될 때까지▼ 반복하기] : 쥐에 닿기 전까지 감싸고 있는 블록들을 계속 반복합니다.
(조건의 결과가 참이 되기 전까지 반복하기)

[쥐▼ 에 닿았는가? 인 동안▼ 반복하기] : 쥐에 닿은 동안 감싸고 있는 블록들을 계속 반복합니다.
(조건의 결과가 참인 동안 반복하기)

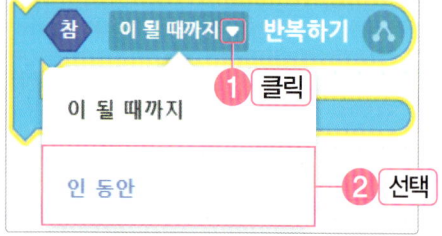

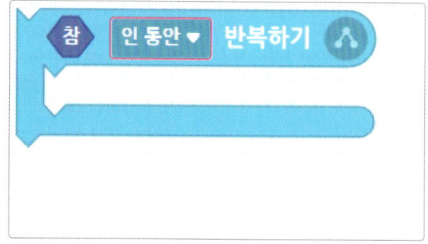

01 쥐를 쫓아 이동하며, 쥐에 닿았을 때 상황 만들기

1 [쥐잡기] 작품을 오프라인에서 불러온 후 [고양이] 오브젝트의 [블록] 탭에서 [시작] 및 [흐름], [생김새], [판단] 꾸러미를 이용하여 다음과 같이 블록을 연결합니다.

※ 시작하기 버튼을 클릭했을 때 계속 반복하여 다음 기능을 실행합니다.
- '쥐'에 닿은 동안 반복하여 '잡았다!!'를 말하기

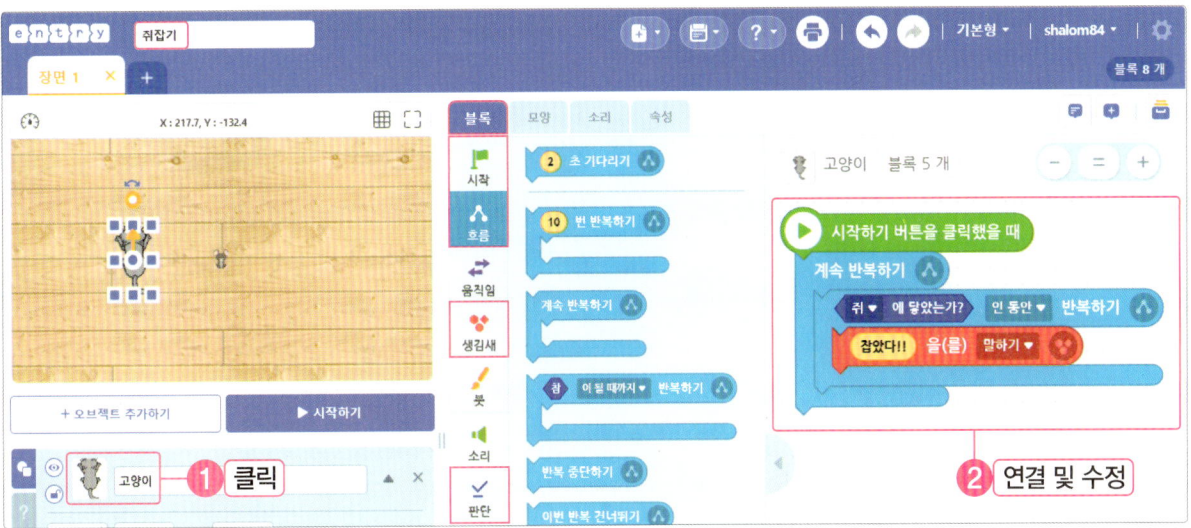

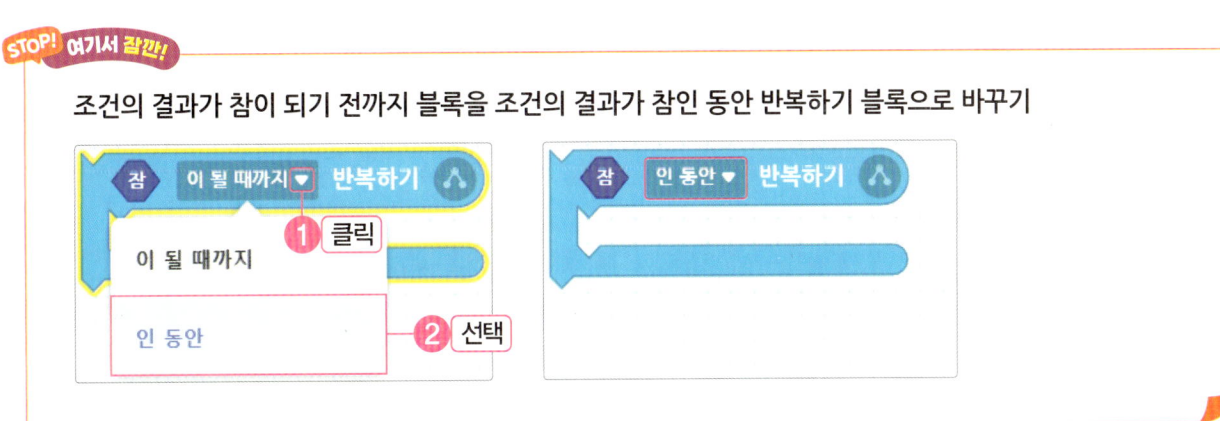

2 `계속 반복하기` 블록 안에 [움직임] 및 [생김새] 꾸러미를 이용하여 다음과 같이 블록을 끼워 연결합니다.

※ '쥐'를 바라보며 이동 방향으로 2만큼 움직이고 말풍선을 지웁니다.

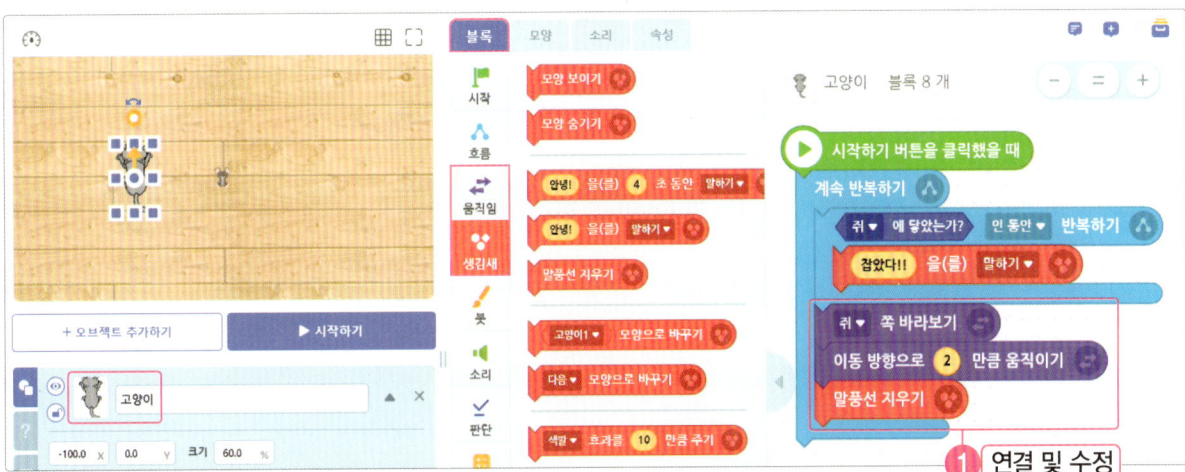

02 마우스 포인터 위치로 움직이는 쥐 만들기

❶ [쥐] 오브젝트의 [블록] 탭에서 [시작] 및 [흐름], [움직임] 꾸러미를 이용하여 다음과 같이 블록을 연결한 후 [시작하기]를 클릭합니다.

※ 시작하기 버튼을 클릭했을 때 계속 반복하여 마우스 포인터 위치로 이동합니다.

❷ 무대에서 마우스 포인터를 움직여 결과를 확인합니다.

※ 마우스 포인터 위치로 이동하는 쥐와 쥐를 쫓아가는 고양이가 쥐를 잡았을 때 '잡았다!!'를 말합니다.

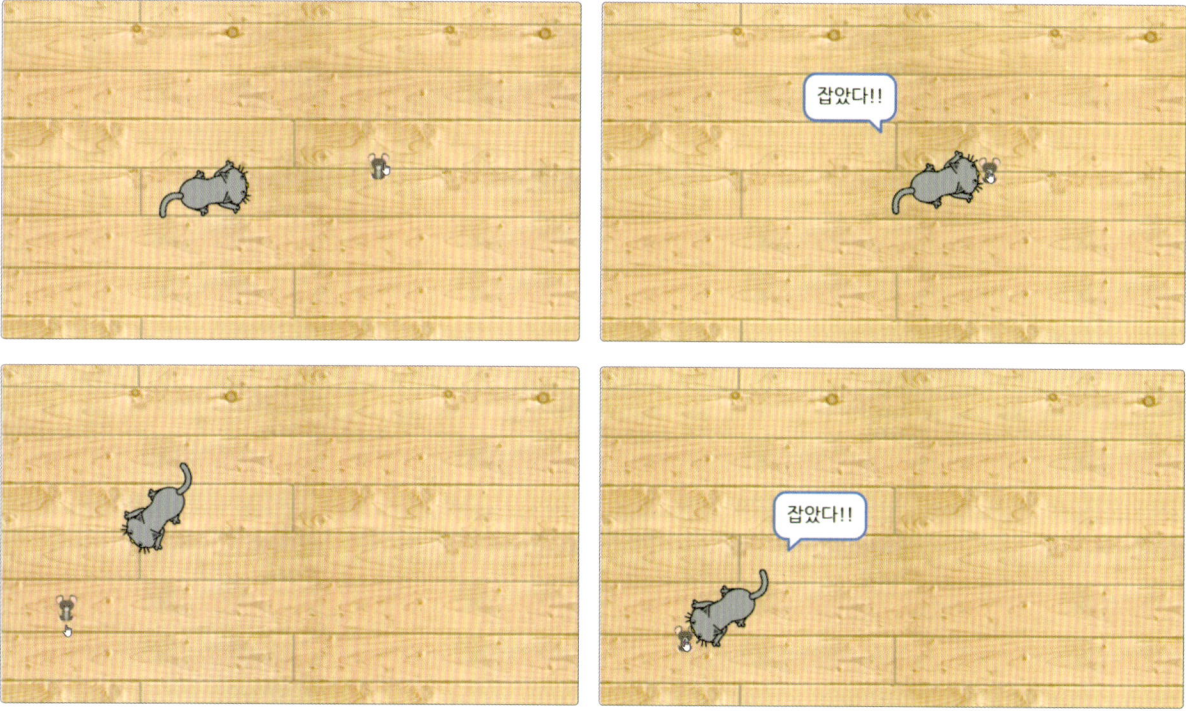

CHAPTER 18 문제 해결 미션 수행하기

 '출동' 작품을 열고 범인과 경찰차를 다음 조건에 따라 완성한 후 실행해 보세요.

- 시작하기 버튼을 클릭했을 때 계속 반복하여 마우스 포인터 위치로 이동합니다.

- 시작하기 버튼을 클릭했을 때 계속 반복하여 다음 기능을 실행합니다.
  - 범인에 닿은 동안 반복하여 말풍선 지우기
  - 범인 쪽 바라보고 이동방향으로 2만큼 움직이기
  - '잡아라!'를 말하기

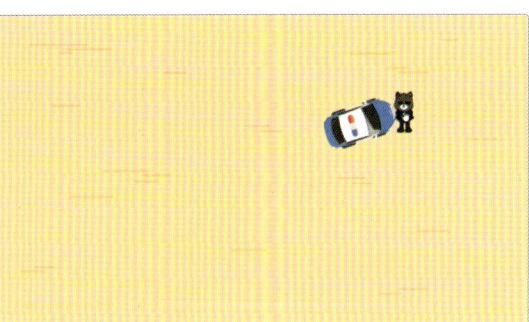

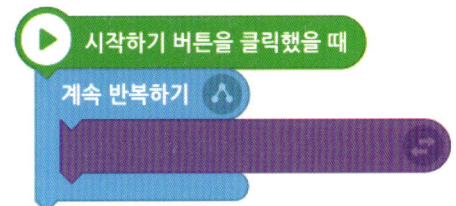

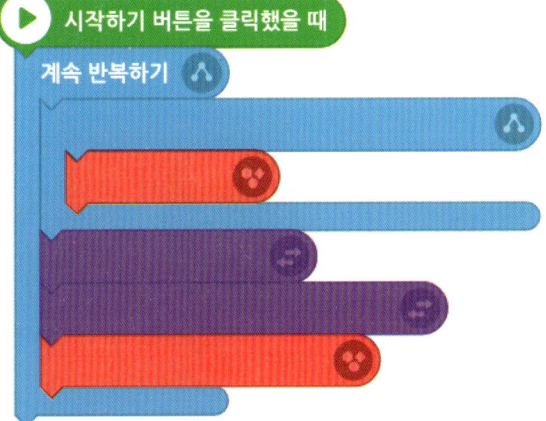

CHAPTER 19 창의 놀이

학습 목표

- 수집된 자료의 다양한 특징을 분석하고 필요한 정보를 찾아봅니다.

자료 수집 및 분석

꼬치 요리 만들기

시온이가 부모님과 함께 야외로 캠핑을 나왔습니다.
기다란 바비큐 꼬치에 재료들을 끼워 맛있는 꼬치 요리를 만들려고 합니다.
아버지는 고기 육류와 야채가 순서대로 연결된 꼬치를 좋아하시고 어머니는 해산물과 과일이 순서대로 연결된 꼬치를 좋아하십니다. 하지만 저는 야채를 좋아하지 않아 과일과 고기를 가공한 식품을 순서대로 끼워 놓은 꼬치를 가장 좋아한답니다.

[캠핑장에 가져온 꼬치 재료]

닭고기 · 방울토마토(과일) · 대파 · 새우살
파인애플 · 딸기 · 햄 · 소세지
아보카도(과일) · 버섯 · 피망 · 당근

01 아버지가 좋아하는 꼬치 재료에 포함되지 않는 것은 무엇일까요?

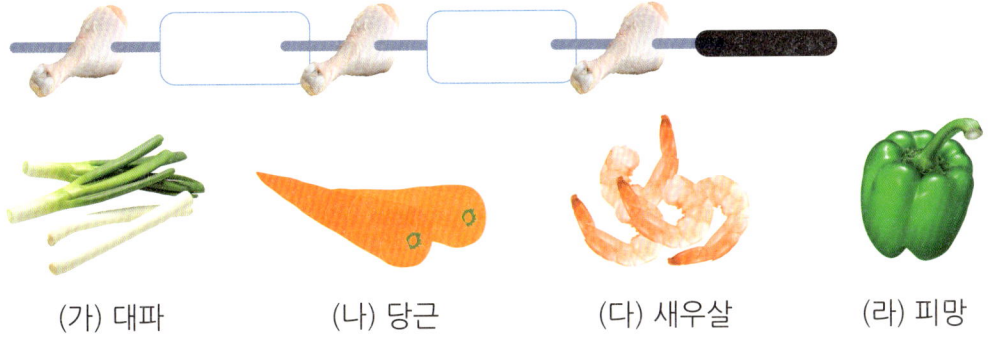

(가) 대파   (나) 당근   (다) 새우살   (라) 피망

02 어머니가 좋아하는 꼬치 재료에 포함되지 않는 것은 무엇일까요?

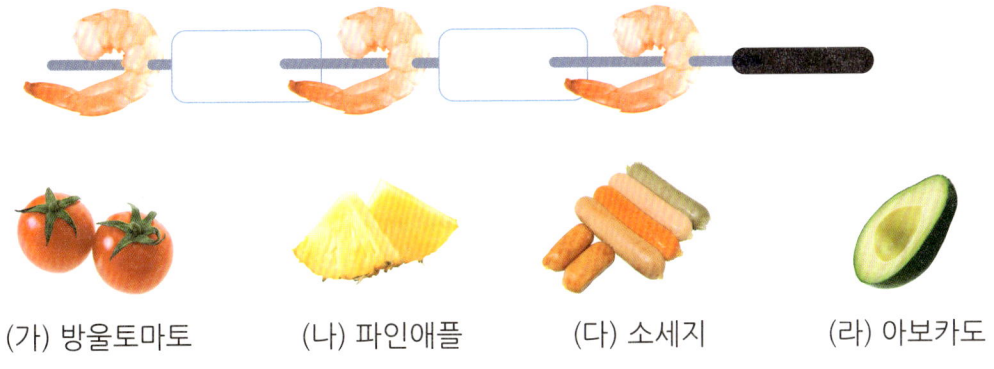

(가) 방울토마토   (나) 파인애플   (다) 소세지   (라) 아보카도

03 내가 좋아하는 꼬치 요리가 아닌 것은 무엇일까요?

Chapter 19 창의 놀이 • 117

Chapter 19 코딩 놀이 — 타이머를 이용한 미로 통과 시간 측정하기

학습목표

- 초시계의 사용 방법을 알아봅니다.
- 타이머의 시작 및 정지 방법을 알아봅니다.

배울 내용 미리보기

핵심놀이 초시계 블록 알아보기

- 엔트리 코딩에서 시간을 측정할 때 사용하는 블록으로 아래와 같이 초시계의 상태를 정할 수 있습니다.

    초시계 시작하기 ▼ : 초시계를 시작합니다.

    초시계 정지하기 ▼ : 초시계를 정지합니다.

    초시계 초기화하기 ▼ : 초시계의 값을 0으로 초기화합니다.

초시계 시작하기의 옵션을 이용하여 [정지하기], [초기화하기] 등을 선택, 변경할 수 있어요.

01 초시계의 시작 및 정지 만들기

❶ [미로통과] 작품을 오프라인에서 불러온 후 [공] 오브젝트의 [블록] 탭에서 [시작] 및 [계산] 꾸러미를 이용하여 다음과 같이 블록을 연결합니다.
　※ 시작하기 버튼을 클릭했을 때 초시계를 시작합니다.

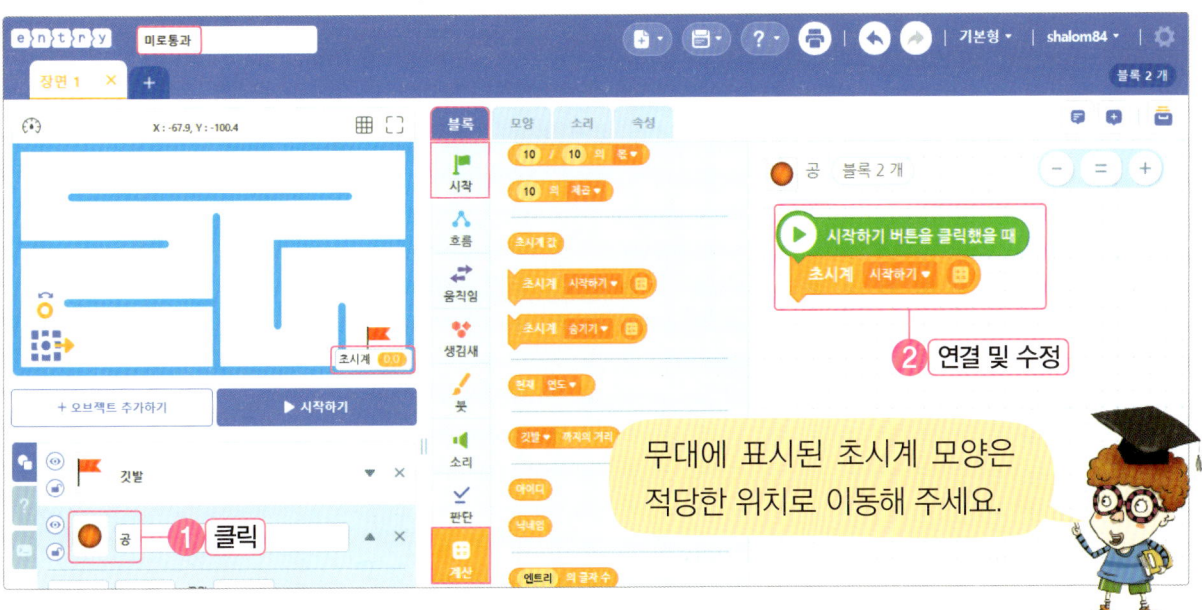

❷ [흐름] 및 [판단], [계산] 꾸러미를 이용하여 다음과 같이 블록을 연결합니다.
　※ 계속 반복하여 다음 기능을 실행합니다.
　　 – 만일 깃발에 닿았다면 초시계를 정지하고 모든 코드를 멈추기

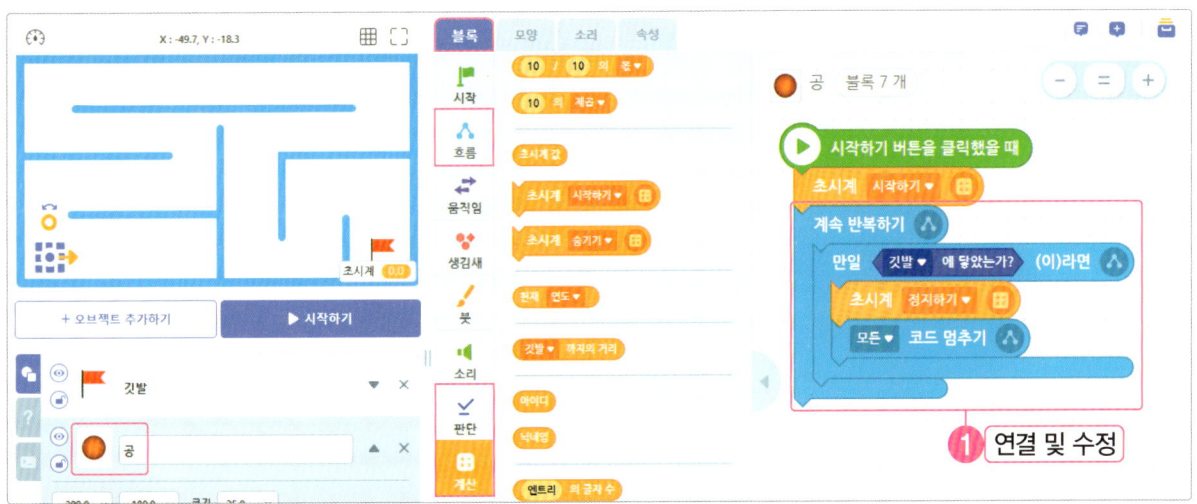

초시계 설정 변경하기

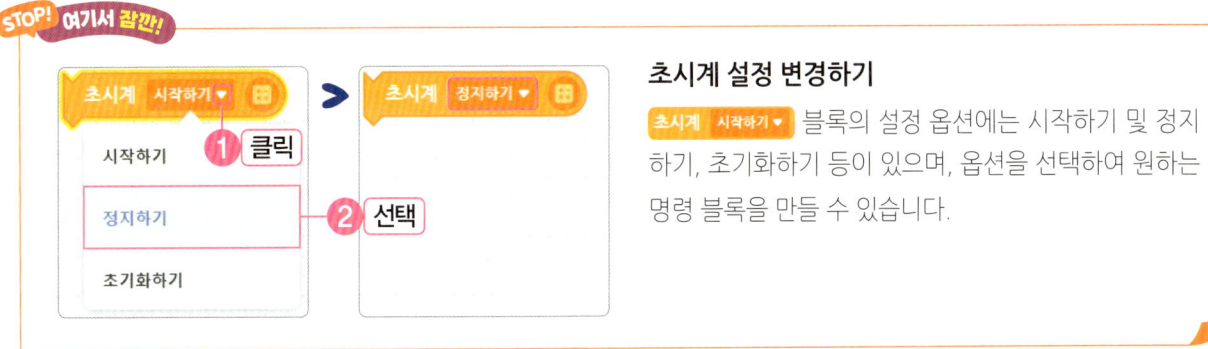

초시계 시작하기 블록의 설정 옵션에는 시작하기 및 정지하기, 초기화하기 등이 있으며, 옵션을 선택하여 원하는 명령 블록을 만들 수 있습니다.

Chapter 19 타이머를 이용한 미로 통과 시간 측정하기 • 119

02 공의 이동과 벽에 닿았을 경우 처음 위치로 이동 코딩하기

❶ [공] 오브젝트의 [블록] 탭에서 [흐름] 및 [움직임], [판단] 꾸러미를 이용하여 다음과 같이 연결한 후 코딩이 완료되면 [시작하기]를 클릭합니다.

※ 만일 미로에 닿았다면 x좌표를 −200, y좌표를 −100 위치(오브젝트의 처음 위치)로 이동합니다.
　마우스 포인터쪽을 바라보며 이동 방향으로 2만큼 움직입니다.

STOP! 여기서 잠깐!

미로에 닿았다면 조건 선택 이해하기

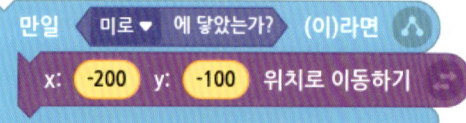

: 미로에 닿았다면 공의 처음 위치로 이동합니다.

(공 오브젝트의 처음 위치 : x좌표 −200, y좌표 −100)

❷ 마우스를 이용하여 공을 움직여 깃발까지 도착하는 시간을 측정해 봅니다.

※ 마우스를 따라 움직이는 공을 벽에 닿지 않도록 깃발까지 이동하여 시간을 측정합니다.
　공에 닿을 경우 공의 처음 위치에서 다시 시작합니다.

CHAPTER 19 문제 해결 미션 수행하기

미션 1 '레이싱' 작품을 열고 바이크를 다음 조건에 따라 완성한 후 무대를 실행해 보세요.

- 시작하기 버튼을 클릭했을 때 초시계를 시작하고 계속 반복하여 다음 기능을 실행합니다.
  - 마우스 포인터 쪽을 바라보며 이동 방향으로 2만큼 움직이기
  - 만일 미로에 닿았다면 x좌표 -180, y좌표 20 위치로 이동하기
  - 만일 문에 닿았다면 초시계를 정지하고 모든 코드 멈추기

CHAPTER 20 창의 놀이

> **학습 목표**
>
> • 필요한 정보를 수집하고 분석하여 문제를 해결하는 방법을 알아봅니다.
>
> **문제 해결 능력**

어느 나라 국민일까요?

세계 여러 나라의 친구들이 모두 한국에 놀러왔습니다.
모두가 그 나라의 국기 모양과 비슷한 의상을 입고 왔는데요.
입은 옷만 보아도 어느 나라에서 왔는지 알 것 같네요~^^

아래 그림은 이번 한국 여행에 참가한 나라 중에서 일부 국가의 국기랍니다.

01 아래에 표시된 친구들은 어느 나라에서 왔을까요?
국기를 참고하면 힌트를 얻을 수 있어요.

[   ]   [   ]   [   ]   [   ]

[   ]   [   ]   [   ]

Chapter 20 코딩 놀이

마우스 잡기 놀이를 이용한 시간 측정값 말하기

학습목표

- 초시계 값을 말하기 블록에 넣어 사용하는 방법을 알아봅니다.
- 입력한 두 값을 결합하는 코드 블록의 사용 방법을 알아봅니다.

핵심놀이 초시계 숨기기 및 보이기와 초시계 측정값 사용하기

`초시계 숨기기▼` : 초시계를 무대에서 숨길 수 있습니다.

`초시계 보이기▼` : 초시계를 무대에 표시합니다.

`초시계 값` : 초시계 값을 블록 안에 인수로 사용할 수 있습니다.

`안녕! 과(와) 엔트리 을(를) 합친 값` : '안녕!' 과 '엔트리' 텍스트를 합쳐 블록 안에 인수로 사용할 수 있습니다.

※ 블록의 결과 : 안녕!엔트리

`초시계 값 과(와) 초 입니다. 을(를) 합친 값 을(를) 말하기▼` : '초시계 값' 과 '초 입니다'를 합쳐 말합니다.

`안녕! 과(와) 초 입니다. 을(를) 합친 값`
`초시계 값`

2.322초 입니다.

124 • 창의코딩놀이 Lesson 2

01 마우스 포인터를 따라 다니며 초시계를 이용한 측정놀이 만들기

❶ [잡기놀이] 작품을 오프라인에서 불러온 후 [공] 오브젝트의 [블록] 탭에서 [시작] 및 [흐름], [움직임], [판단], [계산] 꾸러미를 이용하여 다음과 같이 블록을 연결합니다.

※ 시작하기 버튼을 클릭했을 때 초시계를 시작하고 숨긴 다음 계속 반복하여 다음 기능을 실행합니다.
- 마우스 포인터 쪽을 바라보며 이동 방향으로 5만큼 움직이기
- 만일 마우스 포인터에 닿았다면 초시계를 정지하고 모든 코드를 멈춰 게임 종료하기

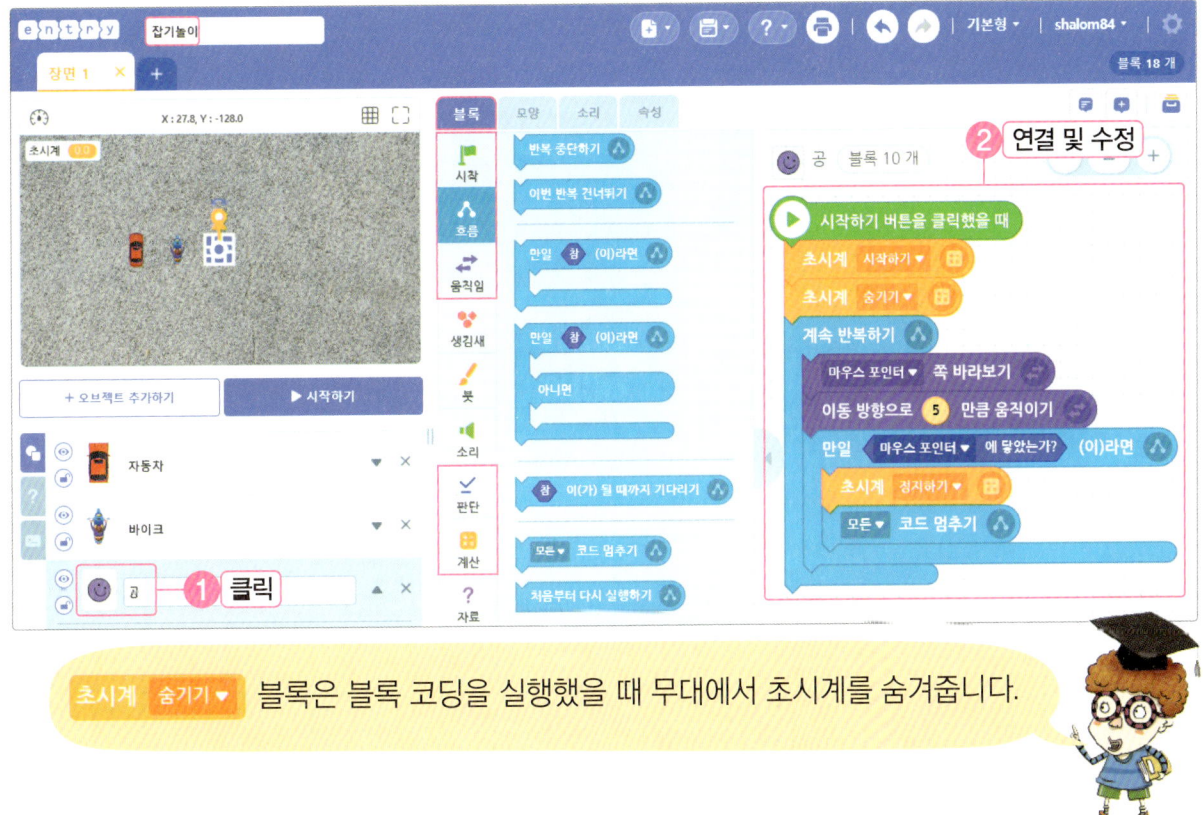

초시계 숨기기 블록은 블록 코딩을 실행했을 때 무대에서 초시계를 숨겨줍니다.

❷ [생김새] 및 [계산] 꾸러미를 이용하여 다음과 같이 블록 끼워 연결합니다.
※ '초시계 값'과 '초입니다.'를 결합하여 말합니다. [예] : '00초입니다.'

Chapter 20 마우스 잡기 놀이를 이용한 시간 측정값 말하기 • 125

02 공을 따라 다니는 바이크와 자동차 만들기

❶ [바이크] 오브젝트의 [블록] 탭에서 [시작] 및 [흐름], [움직임] 꾸러미를 이용하여 다음과 같이 블록을 연결합니다.

※ 시작하기 버튼을 클릭했을 때 계속 반복하여 공 쪽을 바라보며, 이동 방향으로 4만큼 움직입니다.

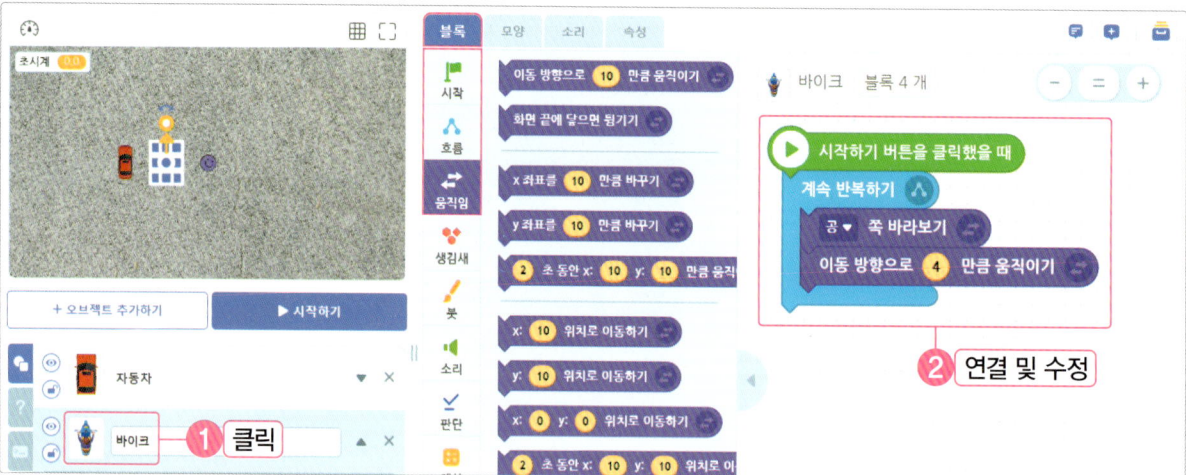

❷ [자동차] 오브젝트의 [블록] 탭에서 [시작] 및 [흐름], [움직임] 꾸러미를 이용하여 다음과 같이 블록을 연결한 후 [시작하기]를 클릭합니다.

※ 시작하기 버튼을 클릭했을 때 계속 반복하여 공 쪽을 바라보며, 이동 방향으로 3만큼 움직입니다.

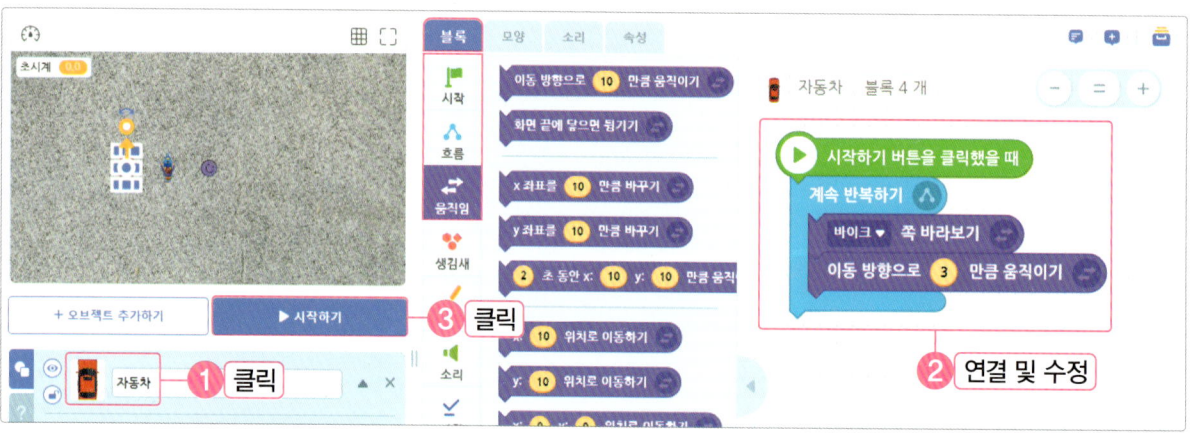

❸ 마우스 포인터를 움직이며 놀이를 시작합니다.

※ 공이 마우스 포인터에 닿을 때까지의 시간을 측정하여 말풍선을 통해 기록을 표시하고 게임이 종료됩니다.

CHAPTER 20 문제 해결 미션 수행하기

미션 1 '비행' 작품을 열고 별과 비행기1~2를 다음 조건에 따라 완성한 후 무대를 실행해 보세요.

- 시작하기 버튼을 클릭했을 때 초시계를 시작하고, 초시계를 숨긴 후 계속 반복하여 다음 기능을 실행합니다.
  - 마우스 포인터 쪽을 바라보며 이동 방향으로 5만큼 움직이기
  - 만일 마우스 포인터에 닿았다면 초시계를 정지하고 초시계 값과 '초 입니다.' 를 합쳐 말한 다음 모든 코드를 멈추기

- 시작하기 버튼을 클릭했을 때 계속 반복하여 다음 기능을 실행합니다.
  - 별 쪽을 바라보며 이동 방향으로 4만큼 움직이기

- 시작하기 버튼을 클릭했을 때 계속 반복하여 다음 기능을 실행합니다.
  - 비행기1 쪽을 바라보며 이동 방향으로 3만큼 움직이기

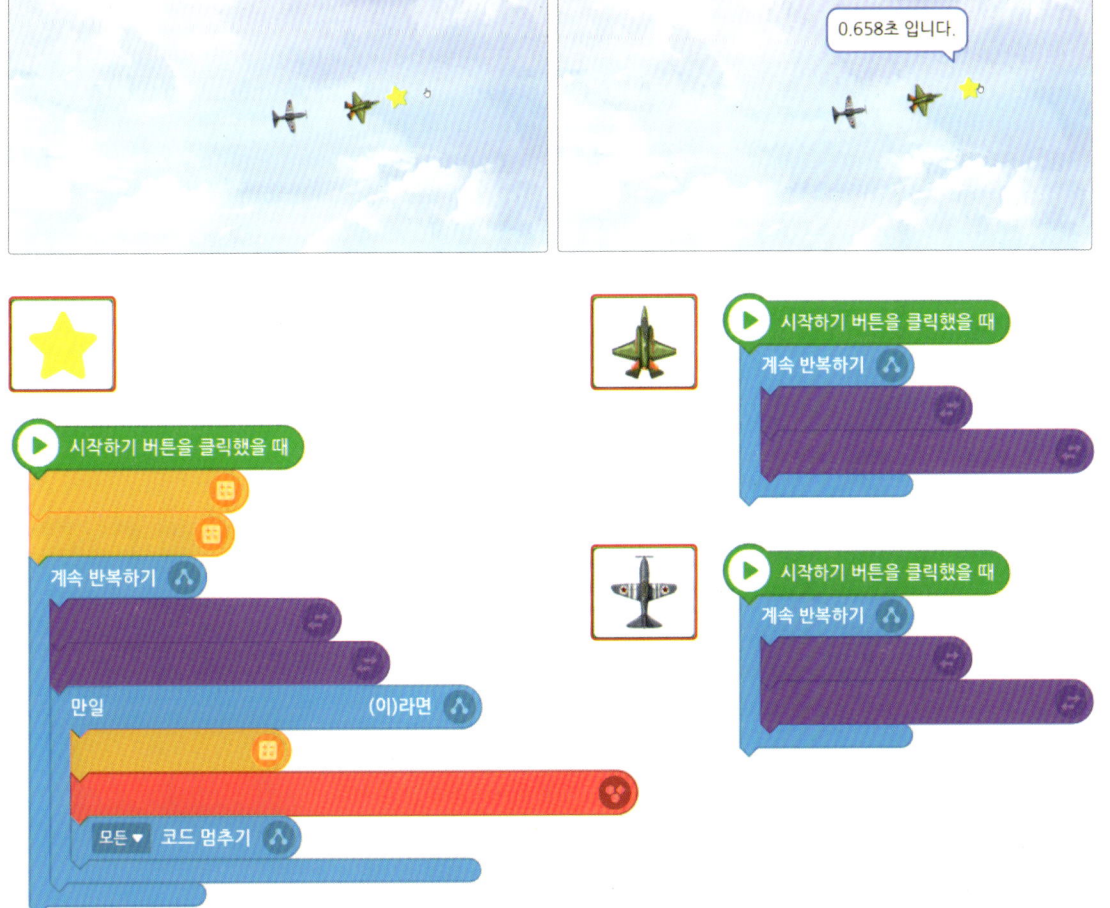

Chapter 20 마우스 잡기 놀이를 이용한 시간 측정값 말하기

CHAPTER 21 종합 활동 놀이

데칼코마니 놀이

01 아래 그림의 한쪽 모양을 보고 대칭 모양의 반대편 모양을 그려보세요.

02 완성한 곤충의 이름은 무엇일까요? [   ]

그림 패턴 넣기

02 아래 그림을 보고 네모(□) 안에 나올 수 패턴 그림을 찾아보세요.

Chapter 21 종합 활동 문제

■ 불러올 파일 : 아기오리.ent   ■ 완성된 파일 : 아기오리_완성.ent

 오리 오브젝트를 이용하여 호수에서 좌우로 움직이는 아기 오리의 무대를 완성해 보세요.

- 시작하기 버튼을 클릭했을 때 계속 반복하여 다음 기능을 실행합니다.
    - 이동 방향으로 5만큼 움직이기
    - 화면 끝에 닿으면 튕기기
    - 다음 모양으로 바꾸기

📁 불러올 파일 : 돌고래.ent   📁 완성된 파일 : 돌고래_완성.ent

놀이 2 돌고래 오브젝트로 좌우로 움직이다가 특정키에 점프 동작을 하는 무대를 완성해 보세요.

- 시작하기 버튼을 클릭했을 때 돌고래1 모양으로 바꾸고 계속 반복하여 다음 기능을 실행합니다.
    - 이동 방향으로 3만큼 움직이기
    - 화면 끝에 닿으면 튕기기
- 키보드의 SpaceBar 키를 눌렀을 때 다음 기능을 실행합니다.
    - 돌고래2 모양으로 바꾸기
    - 7번 반복하여 y좌표를 5만큼 바꾸기
    - 돌고래3 모양으로 바꾸기
    - 7번 반복하여 y좌표를 -5만큼 바꾸기
    - 돌고래1 모양으로 바꾸기

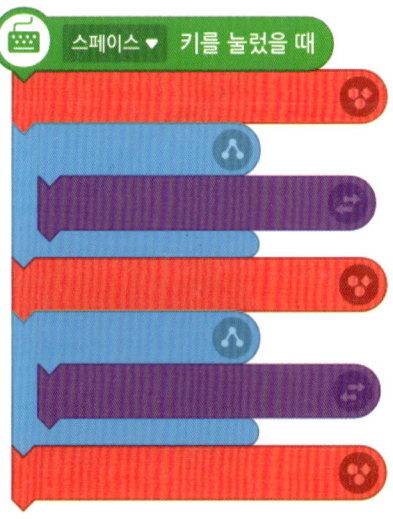

Chapter 21 종합 활동 문제 • 131

CHAPTER 22 종합 활동 놀이

데칼코마니 놀이

01 아래 그림의 한쪽 모양을 보고 대칭 모양의 반대편 모양을 그려보세요.

02 고전 공포 소설의 인물로 젊은 과학자가 창조한 생명체인 그림의 인물은 누구일까요?
[   ]

그림 패턴 넣기

02 아래 그림을 보고 네모(□) 안에 나올 수 패턴 그림을 찾아보세요.

■ 불러올 파일 : 우주선발사.ent   ■ 완성된 파일 : 우주선발사_완성.ent

놀이 1 우주선발사 오브젝트를 이용하여 우주로 쏘아 올리는 로켓의 무대를 완성해 보세요.

- 시작하기 버튼을 클릭했을 때 계속 반복하여 다음 기능을 실행합니다.
  - x좌표를 미사일차량의 x좌표값 위치로 이동하기

- 키보드의 SpaceBar 키를 눌렀을 때 다음 기능을 실행합니다.
  - 미사일 2 모양으로 바꾸기
  - 50번 반복하여 y좌표를 10만큼 바꾸기
  - 미사일 1 모양으로 바꾸고 처음부터 다시 실행하기

- 시작하기 버튼을 클릭했을 때 계속 반복하여 다음 기능을 실행합니다.
  - x좌표를 마우스 포인터의 x좌표값 위치로 이동하기

Chapter 22 종합 활동 문제

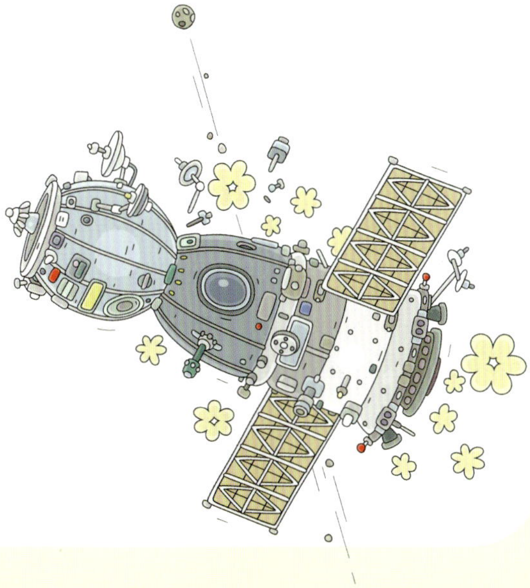

CHAPTER 23 종합 활동 놀이

길 만들기 놀이

01 그림 처럼 두 흡혈귀가 각각 성과 달, 박쥐에게 이동할 수 있도록 길을 만들어 주세요.

모양 시각화 놀이

01 위에서 본 퍼즐을 옆으로 보았을 때 같은 모양의 입체 퍼즐은 무엇일까요?

Chapter 23 종합 활동 문제 • 137

📁 불러올 파일 : 동물농장.ent　　　📁 완성된 파일 : 동물농장_완성.ent

 놀이 1　동물농장 오브젝트를 이용하여 개와 고양이, 부엉이의 무대를 완성해 보세요.

- 동물농장의 강아지와 고양이, 부엉이가 일정 시간에 따라 눈을 깜빡이는 동작을 실행하기
- 동물(강아지, 고양이, 부엉이)에 마우스 포인터가 닿으면 동물 소리를 내며 움직임 만들기
- 동물(강아지, 고양이, 부엉이) 오브젝트의 [소리] 탭에서 제공하는 동물의 울음 소리를 이용

- 시작하기 버튼을 클릭했을 때 계속 반복하여 다음 기능을 실행합니다.
  - 고양이1 모양으로 바꾼 후 1초 기다리기
  - 고양이2 모양으로 바꾸고 0.5초 기다리기
  - 마우스 포인터에 닿은 동안 반복하여 다음 기능을 실행합니다.
    ‥ 고양이 울음 소리를 재생하기
    ‥ 고양이2 모양으로 바꾸고 0.5초 기다리기
    ‥ 고양이3 모양으로 바꾸고 0.5초 기다리기

- 시작하기 버튼을 클릭했을 때 계속 반복하여 다음 기능을 실행합니다.
  - 강아지1 모양으로 바꾼 후 1초 기다리기
  - 강아지2 모양으로 바꾸고 0.5초 기다리기
  - 마우스 포인터에 닿은 동안 반복하여 다음 기능을 실행합니다.
    ‥ 강아지 짖는 소리를 재생하기
    ‥ 강아지2 모양으로 바꾸고 0.5초 기다리기
    ‥ 강아지3 모양으로 바꾸고 0.5초 기다리기

- 시작하기 버튼을 클릭했을 때 계속 반복하여 다음 기능을 실행합니다.
  - 부엉이1 모양으로 바꾼 후 1초 기다리기
  - 부엉이2 모양으로 바꾸고 0.5초 기다리기
  - 마우스 포인터에 닿은 동안 반복하여 다음 기능을 실행합니다.
    ‥ 부엉이 울음 소리를 재생하기
    ‥ 부엉이2 모양으로 바꾸고 0.5초 기다리기
    ‥ 부엉이3 모양으로 바꾸고 0.5초 기다리기

※ 오브젝트에 따라 블록 코드 결과가 다릅니다.

Chapter 23 종합 활동 문제 • 139

길 만들기 놀이

01 늑대는 달에게, 마녀는 괴짜 인형과 마법약이 있는 곳으로 길을 만들어 주세요.

모양 시각화 놀이

01 아래의 입체 퍼즐 모양을 위에서 보았을 때 모양으로 옳은 것은 무엇일까요?

Chapter 24 종합 활동 문제 • 141

📂 불러올 파일 : 낮과밤.ent   📁 완성된 파일 : 낮과밤_완성.ent

 배경 오브젝트를 이용하여 낮에 마우스를 클릭하면 밤으로 변경되는 무대를 완성해 보세요.

- 시작하기 버튼을 클릭했을 때 계속 반복하여 다음 기능을 실행합니다.
    - 낮 모양으로 바꾸기
    - 만일 마우스를 클릭했다면 다음 기능을 실행합니다.
        ·· 밤_꺼짐 모양으로 바꾸고 5초 기다리기
        ·· 밤_켜짐 모양으로 마꾸고 5초 기다리리

그동안 수고했어요~^^
코딩 챌린지 시리즈의 창의 코딩 놀이 Lesson2에서 다시 만나요~

• memo •